인간 섬

Jean Ziegler

장 지글러 지음
양영란 옮김

인간 섬 장 지글러가 말하는 유럽의 난민 이야기

갈라파고스

"집요하게 계속되는 증언이 아니라면,
어느 누가 감히, 지금 이 순간, 끔찍하기
그지없는 범죄의 집요함에 맞서겠는가?"

알베르 카뮈

차례

에메랄드 빛
레스보스섬

2019년 5월, 유엔인권이사회 자문위원회의 부위원장 자격으로 레스보스를 방문했다.[1] 40년 전에는 경이로움 속에서 이 섬을 탐사한 경험이 있었다.

스텔리오스 캄나로코스는 내가 제네바 대학에서 가르친 학생들 가운데 몹시 호감 가고 똑똑한 제자 중 하나였다. 살집 좋고 쾌활한 낙천주의자인 데다 유머 넘치며 섬을 찾는 이들에게 무조건적인 환대를 선사하는 그의 아버지는 레스보스주의 주도州都 미틸레네 교구를 관장하는 그리스정교회 사제였다. 부둣가나 도심의 카페 어디에서든 사람들은 모두 그를 "파파 드미트리"라는 애칭으로 불렀다. 내가 레스보스섬이라는 자연이 낳은 기적을 감탄 속에서 발견할 수 있도록 해준 안내자도 다름 아닌 "파파 드미트리"였다.

스텔리오스는 학교를 졸업한 후 외교 분야에서

눈부신 경력을 쌓았다. 그는 무엇보다도 9년 동안 대외 정책 분야에서 그리스의 카롤로스 파풀리아스 대통령(재임 기간은 2005~2015년이다. — 옮긴이)의 영향력 있는 자문으로 일했던 것으로 아는데, 유럽연합 회원국들이 그리스에 부여한 운명에 불만을 표명한 후, 최근엔 아테네에서 불안한 칩거 생활을 하고 있다.

2019년 5월, 유엔으로부터 부여받은 임무를 수행하기 위해 나는 레스보스섬의 고운 모래와 자갈로 이어지는 백사장과 해발 1000미터를 자랑하는 늠름한 산들을 다시 찾았다.

헤아릴 수 없을 정도로 많은 작은 만들 때문에 섬의 해안선은 끊어졌다 이어지기를 반복한다. 터키석 빛깔의 물빛 덕분에 시인 사포(기원전 7~6세기)의 고향인 레스보스섬은 "에메랄드 섬"이라는 별명으로도 널리 알려져 있다. 원형극장 형태로 지어진 주도 미틸레네(이곳의 주민 수는 5만 명 정도인데, 이는 섬 전체 주민의 절반에 해당된다)는 고대 로마 시대부터 줄곧 놀라운 활력을 뿜어내며 상업과 문화 교류의 중심지 역할을 해 왔다. 이곳의 영화와 아름다움은 당대인들이 남긴 열광적인 묘사[2]는 물론, 지금은 폐허가 되었으나 로마제국 13대 황제 트라야누스에 의해 지어졌던 고대 극장의 엄청난 규모로 미루어 짐작할 수 있다. 고대 그리스가 낳은 지리학자 스트라본은 이 도시를 가리켜 "당대의 가장 큰 도시"라고 평했다. 유스티니아누스 대제의 명에 따라 건축가들이 세웠으며, 15세기에 들어와 제노바 출신 가틸루시오 집안사람들에 의해 한층 더 단단하게 재건된 비잔틴 양식의 요새는 오늘날까지도 여전히 도시의 동쪽에 자리 잡은 항구를 굽어본다. 그 이후 제노바인들은 오토만 정복자들에게 자리를 내주었다.

다채로운 색상으로 칠해진 어촌의 작은 집들. 바닷바람이 불어오는 대로 흔들리는 종려나무 잎새들. 어디를 보나 꽃 천지다. 농작물들이 자라는 양지바른 들판과 그늘진 산기슭이 번갈아가며 나타난다. 1100만 그루의 올리브나무와 300만 그루의 해송이 구릉지대와 평지를 뒤덮고 있다. 2000만 년 전의 화산 폭발로 돌처럼 굳어진 거대한 세쿼이아 숲 따위는, 적어도 이곳에서는 이렇다 할 구경거리 축에도 들지 않는다. 면적 1700평방킬로미터에 총 해안선 길이 320킬로미터에 이르는 레스보스섬은 단연 에게해에서 제일 크고 중요한 섬이다.

2019년 5월, 레스보스섬의 아름다움은 40년 전 내 머릿속에 각인된 것과 전혀 달라지지 않았음을 새삼 확인한다.

4년 전, 그러니까 2015년 4월에 유럽연합 집행 위원회와 그리스 정부 사이에 체결된 협약으로 에게 해 위의 섬들 가운데 소아시아에 가장 가까운 다섯 개 섬(레스보스, 코스, 레로스, 사모스, 키오스)은 '핫 스폿hot spot', 즉 시리아, 이라크, 아프가니스탄을 비롯하여 파키스탄, 사하라 사막 이남 아프리카 등의 지역에서 전쟁과 고문, 국가의 파괴 등을 피해서 그리스 해안으로 접근하는 수천 명의 난민을 받아들이는 장소라는 지위를 부여받게 되었다.

  이들 난민은 이 섬들을 통과해서 일단 대륙에 발을 디딘 다음 발칸반도 지역이나 헝가리, 북유럽 등지로 가고자 하는 희망을 품고 있다.

  이 핫 스폿의 공식 명칭은 '1차 접수 시설'이다. 유럽연합에서 작성한 두 개의 문서와 그리스 법령 하나가 이 시설의 법적 기능을 규정한다. 먼저 유럽연합 쪽의 문서를 보자면, 우선 2015년 4월에 제정된 "이주에 관한 유럽 어젠다"라는 제목의 문서가 하나 있고, 그다음으로는 "유럽연합 대외 경계에 위치한 핫 스폿"이라는 제목의 유럽의회 결의문이 있다. 한편, 그리스 법령엔 4357이라는 번호가 붙어 있으며, 2016년에 제정되었다.

  유럽 의회는 핫 스폿을 다음과 같이 규정한다.

"핫 스폿은 유럽연합의 기구들과 각 회원국이 협조하여 대외 국경 지역에서 망명 신청자들의 일차적인 접수, 신원 확인, 명부 작성, 지문 채취 등을 보다 효율적으로 수행하는 것을 목적으로 한다. 현재, 핫 스폿은 그리스와 이탈리아 영토에서만 운영 중이다. 단 그 외국가에서 요청하거나 유럽 위원회에서 운영국에 보조가 필요하다고 판단할 경우 핫 스폿을 설치할 수 있다."

유엔난민고등판무관 사무소(또는 간략하게 유엔난민기구)는, 2019년 11월 현재 에게해의 다섯 개 핫 스폿에 수용 중인 인원을 3만 4500명으로 파악하고 있다. 이들 가운데 3분의 2는 여성과 아동들이다. 최대 수용 인원 6400명이라는 추정치에 기초하여 세워진 이 난민 캠프는 그러므로 누가 보아도 말이 안 될 지경으로 정원 초과 상태다.[3]

유럽연합(혹은 터키, 그리스 등 유럽연합의 금전적 지원을 받은 개별 회원국들) 부속 기관 차원에서 난바다에서 벌이는 난민 밀입국 퇴치 작전에도 불구하고, 많은 고무보트나 온갖 종류의 선박 들이 매일 밤과 낮 구분없이 난민들을 레스보스 해안과 이웃한 섬들로 실어나르고 있다. 해안선이 매우 길고 복잡한 레스보스섬의 경우, 솔직히 그 어떤 대책도 이러한 상황을 완전히 통제하기란 사실상 불가능하다.

매일 아침, 그리스의 무장 경찰들이 해안 순찰에 나선다. 그들은 바위틈에 그럭저럭 몸을 숨기고 있는 난민들을 색출해 낸다. 들킨 난민들에겐, 때론 어린아이들까지도, 수갑이 채워진다. 체포된 난민들은 파란색 대형 버스에 태워져서 수용소가 있는 모리아로 이송된다. 모리아는 미틸레네에서 멀지 않은 작은 마을이다. 그곳에 내려진 난민들은 배고프고 물에 젖은 몸으로 첫 번째 면담을 기다린다. 이 첫 번째 신문은 유럽연합의 세 개 기구에서 파견한 공무원들이 맡는다.

제일 먼저로는, 유럽 대외 국경 관리 협력 기관 프론텍스Frontex(국경을 뜻하는 프랑스어 frontière와 외부를 뜻하는 extérieure를 축약한 말이다. — 옮긴이)가 있다. 이 기구는 2004년에 유럽 대외 국경 작전 협력 기구라는 이름으로 창설된 조직의 후신으로, 폴란드 바르샤바에 본부를 두고 있다. 프론텍스 소속 경찰들(덴마크, 프랑스, 불가리아, 독일 등지에서 파견된 경찰들)은 원래 불법적인 국제 인신매매 조직 타파를 임무로 삼으며, 실제적으로 난민들을 신문하는 과정에서 자주 인신매매 중개인들의 정체와 이들의 조직망, 근거지 등에 관한 소중한 정보를 얻는다.

두 번째로는 유럽연합의 28개 회원국에서 나온

용소 주변 올리브나무 숲엔 무려 58개 국적을 가진 난민들이 수용되어 있었다. 이들 중 상당수는 시리아, 아프가니스탄, 이라크, 이란, 수단 출신으로, 대부분 자기 나라에서 교사나 엔지니어, 자영업자, 상인, 전직 공무원, 회사원, 수공업자 등 중산층으로 살던 사람들이었다. 농부나 노동자는 소수에 불과했는데, 이는 도시 또는 마을에서 도주하기 위해서는 이동에 필요한 교통비, 부패한 국경 관리들과 공갈범에 버금가는 경찰들의 입막음용 뇌물, 밀입국 안내인들에게 지불할 비용 등 상당한 액수의 돈이 필요하기 때문이다.

난민들의 압도적 다수는 전쟁과 공포로 피폐한 지역을 피해서 도망 나온 사람들이다. 그런 곳에서는 정상적인 경제 활동이 불가능하기 때문이다. 치과 의사, 기업가, 전직 공무원, 상인, 수공업자 등은 살던 집이나 아파트, 사업체를 팔 수도 없었다. 폭격으로 아무것도 건질 수 없게 된 경우가 대부분이니까. 시리아의 이들리브 지역, 아프가니스탄의 칸다하르 지방, 이라크의 니네베 평원 지대 등지에서는 사겠다고 나서는 사람이 아무도 없을 것이므로 땅 소유주들이 토지를 팔 수조차 없다. 그런 이유로 난민들은 현금화할 수 있는 것만 얼핏 챙겨서 피난길에 오르는데, 이들이 가진 현금은 고단한 피난길 여정에서 빠르게 바닥이 난다.

난민들은 레스보스 해안에 도달할 즈음이면 대부분의 경우 빈털터리 상태다. 그들이 가진 거라곤 몸에 걸친 꾀죄죄한 옷가지와 가족사진 몇 장, 그리고 없어서는 안 될 만큼 요긴한 휴대폰 정도다.

그리스 경찰을 통해 등록을 마친 난민들은 '접수증'을 받게 되는데, 이것이 있어야 잠을 자고, 식사 배급 시간에 줄을 서고, 화장실과 샤워장을 이용할 권리가 생긴다. 하지만 공식적인 난민 수용소는 어이없을 정도로 정원 초과 상태이므로, 2019년 여름에 새로 도착한 사람들은 '비공식적인' 수용소, 즉, 올리브나무 숲에 임시로 마련된 텐트촌으로 보내졌다.

경찰이 새로 도착한 사람들에게 비닐 덮개, 삽과 괭이 등 지표면을 고르는 데 필요한 몇 가지 연장 등을 내주면, 이들은 스스로 거처를 마련해야 한다.

접수증이 있으면 유엔난민기구에서 다달이 지급하는 최소한의 지원금도 받을 수 있다. 지원금을 계산하는 방식은 매우 복잡한데, 어쨌든 한 가족당 최고 360유로를 넘지 않는다. 그런데 아프가니스탄, 시리아, 이라크, 바레인 등지에서는 어머니, 아버지와 자식들, 할머니, 할아버지 이런 식으로 3대 이상 되는 대가족 전체가 함께 피난길에 오르는 경우가 많아서, 한 달에 360유로를 16~18명이 나누어 쓴다는 건, 당연

인간 섬

한 말이지만, 아무 의미가 없다.

하지만 어쨌거나 난민들은 이 돈으로 생수와 약, 어린아이용 우유, 갈아입을 옷, 신발, 비누 등과 같은 위생용품 등을 구입해야 한다.

푸시백 작전

에게해 위로 우중충한 하늘이 낮게 걸려 있다. 구름 덩어리 때문에 엎드리면 코 닿을 것처럼 가까운 거리에 있는 터키 쪽 산봉우리들의 정상 부분이 가려져 잘 안 보인다. 하늘 아래 수면은 구름과 산봉우리의 숨바꼭질 장면을 그대로 비춘다. 아테네를 출발한 올림피아 에어웨이즈의 A37252 항공기는 해협 위에서 큼지막한 원을 그린다. 해협은 말 그대로 매우 좁다. 터키 쪽 산악 지대와 유럽 쪽 해안 사이의 거리는 고작 7킬로미터에 불과하다.

미틸레네의 오디세우스 엘리티스 공항은 바닷가에 자리 잡고 있는 소규모 공항으로, 국제통화기금IMF과 유럽연합이 공동으로 밀어붙이는 부채 탕감 관련 압박이 이 공항에도 흔적을 남겼다. 공항의 소유권이 프랑크푸르트 공항을 소유한 독일의 기업으로 넘어간 것이다. 공항에서 종려나무들과 반짝반짝 윤이 나는 나뭇잎들을 달고 있는 부겐빌레아 관목들이 늘어선 해안 도로를 따라 달리면 도심에 다다른다.

저만치 멀리, 잿빛 하늘 아래로 세 개의 강철 실루엣이 눈에 들어온다. 전함들이다. 이 전함들은 영해 주변에서 느릿느릿 움직인다. 보이지 않는 먹잇감을 노리는 거대한 야수들처럼.

조르고스 팔리스는 직선적이면서 마음이 따뜻한 남자다. 그의 검은 눈동자가 나에게는 특별히 인상적이다. 그는 그리스 국회에서 레스보스를 대표하는 국회의원이다. 레스보스섬은 전통적으로 공산당이 다수당으로 군림해 왔다. 조르고스의 아버지 역시 공산당 소속 국회의원이었다. 그렇지만 조르고스는 아버지와는 달리 녹색당(다른 이름으로는 시리자당으로, 2019년 5월 선거에서 승리하여 정권을 잡은 극좌 세력과 연정을 구성하고 있다) 소속으로 나이는 40대 전후다.

"저기를 좀 보십시오. 제일 앞에 있는 배는 북대서양조약기구North Atlantic Treaty Organization: NATO 소속, 그보다 서쪽에 있는 두 번째 배는 프론텍스 소속이죠. 세 번째는 뭐냐고요? 그건 너무 멀리 있어서 나로서는 어디 소속인지 식별할 길이 없군요."

나는 그에게 묻는다. "NATO 소속 해군 전함은

왜 여기 와 있는 겁니까?"

조르고스가 쓸쓸한 미소를 지으며 답한다. "그야 유럽을 보호하기 위해서죠. 아프가니스탄, 시리아, 이라크 등지에서 폭탄 세례에 쫓기는 여자와 아이들을 쫓아내야 하잖습니까."

조르고스는 좀처럼 화를 누그러뜨리지 못한다. 레스보스 인근 해역을 떠다니는 NATO의 순양함이 적어도 네 척은 된다는 것이다. "아, 내 조국의 주권이란 것이 얼마나 아름답습니까!"

자동차가 나를 미틸레네의 서쪽 부두께 블루시 호텔 앞에 내려준다. 호텔 3층의 내가 묵는 객실의 발코니에서는 항구가 한눈에 들어온다. 부두와 항구 사이에는 높이 4미터짜리 철책이 가로놓여 있다. 항구를 지키는 그리스 경찰들의 경비가 삼엄하다. 검은색 유니폼을 입은 사람들이 도처에 깔려 있다. 단단히 무장한 경찰들과 그들의 방탄 지프차들만으로도 웬만한 사람들의 접근을 금지하기에는 충분하다.

호텔 안에서 나는 호텔 밖 세상에서 일어나는 일을 관찰한다. 철책 너머로 여러 대의 파란 버스가 주차되어 있다. 새벽 동이 틀 무렵이면 경찰들은 밤사이에 도착해서 몸을 숨기고 있을 난민들을 색출하기 위해 해안도로 순찰에 나선다. 버스들이 경찰의 뒤를 따른다. 돌아온 버스에서 내린 남자아이들과 여자아이들은 철책 안쪽에서 12시간 내지 24시간을 마실 물도 먹을 음식도 없이 마냥 기다려야 한다. 그런 다음에야 비로소 경찰들이 이들을 모리아의 접수 센터로 데려간다.

호텔에 도착하면서 나는, 호텔 방 창문 바로 아래쪽에 전날 검은색 유니폼 차림의 요원들이 색출해 온 남녀노소를 가득 태운 버스 세 대가 서 있는 광경을 목격했다. 내가 호텔에 머무는 내내, 호텔 출입문 건너편엔 프론텍스 임무 수행을 위해 출동한 영국 순양함 한 척이 함포를 방수포로 덮어 가린 채 부두에 정박하고 있었다.

날씨가 좋을 때면 터키 쪽에서는 바위틈에 숨어서 배에 올라 바다를 건널 차례를 기다리는 난민들이 유럽의 불빛을 맨눈으로 확인할 수 있다. 관광객들을 태우고서 디킬리(터키의 이즈미르 지방)와 미틸레네 사이를 운항하는 페리호의 경우 해협을 가로지르는 데 약 한 시간 반 정도가 소요되며 비용은 35유로다. 그런데 과도하게 승객을 태우는 고무보트의 경우, 망명 신청자들은 밀입국 안내인들에게 1인당 500에서 1000유로를 지불하면서 목숨의 위협까지도 감수해야 한다.

'푸시백push-back'은 터키와 그리스의 해양 경비함, 프론텍스 파견 정찰함 등이 실시하는 대단히 폭력적인 난민 저지 작전으로, 몇몇 정보에 따르면 NATO 소속 선박들도 이들과 같은 방법을 사용한다고 한다.

에게해 주변 해안에서는 세계 각국의 비정부 단체들이 맹활약하는데, 프로 아질Pro Asyl, 레퓨지 레스큐Refugee Rescue, 보더 모니터링Border Monitoring 등이 대표적이다. 이들 단체에 소속된 용감한 행동대원들은 생존자들을 대상으로 조사 작업을 벌이며 이를 토대로 푸시백 작전 관련 자료도 만든다. 푸시백 작전은 밤낮없이 이루어지며, 난민들을 태운 고무보트나 나룻배, 뗏목 등을 터키 영해 쪽으로 밀어냄으로써 이들이 유럽 영토에 들어와 망명 신청서를 접수하지 못하도록 사전 차단하는 것이 작전 목표다.

푸시백 작전 수행자들이 사용하는 방식은 시민 활동가들의 자료 수집 과정 보고서에서 상세하게 드러나는데, 몇 가지 사례를 소개해 보겠다. 우선 2019년 5월에 독일 단체인 보더 모니터링의 발레리아 헨젤이 작성한 "레스보스섬의 핫 스폿을 통해서 본 유럽 망명 체제의 퇴보 현상"이라는 제목의 보고서 발췌 내용을 소개한다.[4] 이 보고서에서 스페인의 시민단체 프로악티바 오픈 암스Proactiva Open Arms는 가장 최근에 있었던 푸시백 작전 가운데 하나를 다음과 같이 묘사했다.

남자, 여자, 어린이들을 가득 태운 배 한 척이 그리스 해안에서 100미터도 채 떨어지지 않은 곳에서 표류했다. 봄이라지만 매우 추운 날이었다. 수온은 섭씨 5도를 넘지 않았다. 난민들은 추위와 젖은 옷 때문에 몸을 덜덜 떨었다. 모두를 공포에 몰아넣을 정도로 비명을 지르는 한 여자의 목소리가 우리에게 들려왔다. 우리는 레스보스의 프론텍스 사령부에 전화를 걸어서 혹시 난민들을 구조하기 위해 도움이 필요한지 물었고, 필요하다면 우리 배에 의료진을 태워서 보낼 수 있다고 알렸다. 프론텍스 사람들은 모든 상황을 잘 통제하고 있다고 우리에게 답변했다. 그 후 그 사람들은 두 시간을 더 기다렸다가 그 배를 미틸레네 항구로 인도했다. 난민들을 태운 배가 부두로 들어오는 광경을 지켜보던 우리는 일행 중에 몸을 움직이지 않는 갓난아기 한 명이 포함되어 있다는 것을 발견했다. 프론텍스 소속 경찰들은 우리 측의사 한 명과 두 명의 협력자가 접근하지 못하도록 막았으며, 강제로 우리를 멀찌감치 밀어냈다. 아기의 몸은 차가웠고, 안색은 누리끼리했다. 두 눈에서는 아무런 움직임도 느껴지지 않았다. 얼마 후 우리는 모리아의 수용소에 전화를 걸었다. 아이의 소식을 묻자, 그들은 그곳에 도착한 아기는 한 명도 없다고 대답했다. 아무도 그 아기에게 무슨 일이 일어났는지 알지 못했다. 나는 아기 엄마가 죽어가는 아기를 보며 비명을 지른 거라고 확신한다. 프론텍스가 두 시간 동안이나 배를 해안에 붙잡아 두지만 않았더라도, 그들이 우리 의사가 난민들에게 갈 수 있도록 허가를 해 주기만 했더라도, 그 아기는 십중팔구 목숨을 구할 수 있었을 것이다.

이러한 비난에 대해 프론텍스 사령부가 제시한 답변은 다음과 같다. "우리의 임무는 난민들을 구조하는 것이 아니라 국경을 안전하게 방어하는 것입니다."

휴먼 라이츠 워치Human Rights Watch, 프로 아질, 시 워치Sea Watch, 레퓨지 레스큐를 비롯하여 세계의 다른 여러 시민단체들은 2015년, 그러니까 핫 스폿이 개설되기 시작한 시점부터 줄곧 그사이에 자행된 수많은 푸시백 작전 관련 자료들을 수집해 왔다.

레퓨지 레스큐는 2018년 10월에 시리아 출신 난민 아스미르(가명)의 증언을 공개했다.

해협의 국제 해역에서 1킬로미터 정도를 이동한 후 우

리는 터키 해안 경비대의 추격을 받았습니다. 그들은 크고 작은 배 두 척으로 우리를 추격했습니다. 큰 배에서는 허공을 향해 사격을 했고, 겁에 질린 우리는 돌아가자면서 비명을 질렀죠. 작은 배는 계속 우리를 추격했습니다. 그들은 우리가 탄 배에 접근해서 우리를 향해 막무가내로 긴 쇠막대기를 휘둘렀습니다. 우리 모두를 바다에 빠뜨려 죽일 작정이었겠죠. 하지만 우리는 저항했습니다. 어디에서 그런 힘이 솟아났는지 나 자신도 알 수 없었지만, 아무튼 우리는 몇 시간 동안이나 계속 사투를 벌였고, 마침내 그들의 손아귀에서 벗어나는 데 성공했습니다.

2015년에 이미 앰네스티 인터내셔널은 TV 채널 〈유로뉴스〉를 통해 다음과 같이 폭로했다. "그리스의 해안 경비대는 무력을 사용해서 망명 신청자들을 태운 배들을 터키 영해로 쫓아냄으로써 이들 난민들의 생명을 위험으로 몰아넣고 있다." 그 이후, 실제로 푸시백 작전은 '우발적인' 사고로 인한 사망자를 양산했다.

프로 아질은 동영상까지 동원하여 2017년에 벌어진 푸시백 작전 과정에서 열두 명(이들 중 다섯 명은 열 살도 채 안 된 어린이들이다)의 망명 신청자들이 죽음에 이르게 된 비극을 증언한다.

　프론텍스의 푸시백 작전은 자주 격렬한 폭력 행위로 변질된다. 경찰들이 무기를 동원해서 난민들을 위협하는 일이 빈번하다는 말이다. 난민들이 배를 돌리기를 거부하면, 경찰들은 쇠막대기로 이들을 무차별 구타한다.

　시민단체 메드워치Med-Watch는 미틸레네에서 '알람폰Alarm-Phone'이라는 이름의 시설을 운영한다. 망명 신청자들은 대개 휴대폰을 소지하고 있는데, 푸시백 작전으로 위협을 받게 된 난민들은 메드워치에 전화를 걸어 도움을 청한다. 이 시민단체의 행동대원들은 남다른 결단력과 용기로 잘 알려져 있다. 이들은 라디오를 통해서 난민들에게 공격을 가하는 자들(프론텍스, NATO, 터키 또는 그리스 해안 경비대 등)에게 개입하여 난민선을 풀어 주도록 설득한 다음 위험에 처한 난민들에게 기초적인 도움을 제공하려고 시도한다. 하지만 대부분의 경우, 메드워치 대원들은 유럽연합 세력의 범죄적인 행위 앞에서 무기력한 목격자 역할만 할 뿐이다. 프론텍스 소속 경찰들은 무기로 난민들에게 위협을 가해 가면서 겁에 질린 난민들을 대량으로 수송하는 고무보트들을 터키 해안 경비대에게 넘긴다. 메드워치는 그리스 해안 경비대가 고무보트의 엔진을 배에서 떼어내서 이를 바다에 던져 버리거나 자기들 배에 싣는 광경을 목격하기도 했다. 이렇게 되면 엔진 없는 고무보트는 난민들을 가득 태운 채 메두사의 뗏목(프랑스의 낭만주의 화가 테오도르 제리코가 1819년에 메두사호의 실제 사건을 바탕으로 그린 그림의 제목이다. 그림은 루브르 박물관에 소장되어 있다. ─ 옮긴이)처럼 에게해의 잿빛 물결을 따라 표류하게 된다.

메드워치는 2017년 7월 21일에 일어난 사건의 관찰 기록을 공개했는데, 이날 그리스 해안 경비대는 난바다에서 칼을 동원해서 난민들을 태운 고무보트를 갈기갈기 찢었다.

프론텍스 소속 일부 대원들은 특별히 효과적인 푸시백 기법을 고안해 내기도 했다. 영국 순양함 프로텍터호의 경우가 주목할 만하다. 프로텍터호의 해병대원들과 포병들은 습관적으로 난민들을 태운 배 주변에 포격을 가하는데, 처음에는 좀 멀리 쏘다가 점점 가까이 쏘는 기술을 구사한다. 이로 인해 난민들 사이에 공포감이 점점 커져가기 시작하면, 프로텍터호의 사령관은 메가폰을 잡고서 지시를 내린다. 상황이 이 정도 되면 일반적으로 난민선은 방향을 돌려 터키 영해 쪽으로 되돌아가기 마련이다.

프로텍터호라는 이름을 무색하게 만드는 이러한

전술이 알려지면서 레퓨지 레스큐를 비롯하여 여러 시민단체는 물론, 영국의 권위 있는 신문들과 유로뉴스 TV까지 격렬하게 항의했다. 영국 정부는 프로텍터호에 승선한 대원들에게 소환 조치를 내렸다. 하지만 문제의 순양함은 새로운 대원들을 태운 채 오늘까지도 여전히 그리스 영해를 누비고 다닌다.

2019년 1월 15일, 네 살짜리 여자아이가 바다에서 죽었다.(배 밖으로 튕겨져 나가 물에 빠진 걸까?) 아이를 태운 배는 당시 그리스를 향해 나아가는 중이었다. ≪하레카지트≫지와의 인터뷰(2019년 1월 16일)에서 죽은 아이의 아버지는 "그자들(터키 해안 경비대)이 밧줄로 우리가 탄 배를 자기들 배에 묶었습니다. 그러더니 우리 주위를 점점 더 빨리 돌기 시작했죠. 우리 모두를 죽일 심산이었던 겁니다"라고 말했다.

레퓨지 레스큐 덕분에 하나같이 분노를 유발하는 일련의 비디오 영상물들이 존재한다. 모두 프론텍스와 터키 해안 경비대 측의 몹쓸 관행을 입증한다. 그 영상들은 무엇보다도 군복을 착용한 터키 군인들이 난민들로 하여금 뱃머리를 돌리도록 강제하기 위해 쇠막대기로 어린아이들까지 있는 난민 가족들을 구타하는 광경을 보여 준다. 영상은 또 프론텍스 측이 고안한 또 다른 효과 만점의 기법이 있다는 것을 알려

준다. 바로 해안 경비대의 선박이 전속력으로 난민들을 태운 고무보트 주위를 빙빙 돌면서 점점 가깝게 접근해 가는 방식이다. 이렇게 되면 급격한 물살이 형성되면서 난민선이 기우뚱거리며 요동치게 되는데, 이 과정이 진행되는 매 순간 배는 균형을 잃고 전복될 위험에 처하는 것이다.

이상하게 들릴 수도 있겠으나, 난민들을 태운 미덥지 않은 허술한 배와 견고한 무기로 무장한 철통같은 프론텍스, 그리스와 터키의 해안 경비대 선박들과의 전투가 항상 골리앗에게 유리하기만 한 건 아니다. 2017년 11월 10일, 터키 해안 경비대 소속 선박 한 척이 그리스 영해로 들어가면서 스무 명의 난민을 태운 고무보트를 향해 작살을 날렸다. 스무 명의 난민 가운데 열일곱 명은 배가 가라앉기 전에 바닷물로 뛰어들었다. 이들은 그리스의 고기잡이배에 의해 무사히 구조되었다. 2018년 10월 4일에는 다른 고무보트 한 척이 이번에도 그리스 영해에서 또 다시 터키 순양함의 공격을 받았다. 아프가니스탄 출신 네 명의 청소년이 물로 뛰어들었고, 터키 경비대 측은 기관총 사격을 가했음에도 목표물 타격에 실패했다. 레퓨지 레스큐에 따르면 체포된 두 척의 고무보트에 타고 있던 난민들 중 여러 명이 부상을 입었으며, 그중에는 상처가 심각한 사람들도 있었다. 그 상처들은 경비대가 휘두른 쇠막대기에 의한 것이거나 총상이었다.

일반적으로 난바다에서의 난민 사냥은 결실을 맺고 있다. 에게해의 그리스 섬들, 그중에서도 특히 레스보스섬의 경우, 그곳을 통한 망명 신청자의 수가 줄어들고 있기 때문이다. 2016년에 이 섬에 도착한 난민은 17만 2450명이었는데, 2017년엔 2만 9000명을 약간 웃도는 정도에 불과했다 그리고 2018년엔 이 숫자마저 훨씬 줄어들었다. 그렇다고 해서 난민이 밀려드는 현상마저 사라진 건 아니다. 야만적인 푸시백 작전에도 불구하고, 거의 매일 밤낮 할 것 없이 난민들은 엉성하기 그지없는 배에 몸을 의탁한 채 레스보스를 비롯한 다른 섬들의 해안에 도달한다.

푸시백 작전을 묘사할 때 나는 프론텍스와 그리스와 터키의 해안 경비대를 분명하게 구별해서 다루지 않았다. 엄격하게 말하자면 프론텍스만이 유럽연합의 기관이다. 터키와 그리스의 해안 경비대는 형식상 각기 자국 정부의 지시에 따른다고 할 수 있다. 형식적으로는 그러나, 사실상 푸시백 작전은 단언컨대 유럽연합 소속 관료들에 의해서 조율되고 지시되며, 금전적으로 지원되고 있다. 그 작전을 실행하는 해군 병력은 유럽연합 집행위원회 소관이다. 지난 5

년 동안 그리스 해안 경비대는 유럽연합 측으로부터 1억 5000만 유로가 넘는 액수의 돈을 받았다.

마찬가지로 터키 해군 병력에 대한 유럽연합 측의 대대적인 지원은, 브뤼셀에서, 불법 인신매매 조직 타파를 위해 반드시 필요한 비용으로 합리화되었다. 2016년 5월 유럽연합은 이런 식으로 터키의 해군과 헌병 세력이 에게해에서의 "구조와 치안Rescue and Secure" 전략의 구성 요소임을 공식적으로 천명했다. 그리고 이에 따라 2000만 유로를 작전 참여자 교육 명목으로 터키 측에 지급했다. 유럽연합과 프론텍스의 밀접한 공조 체제가 확립된 것이다. 2018년, 국제이주기구 International Migration Organization: IMO는 앙카라 정부에 고속 호위정 여러 척을 기부했다.

브뤼셀에 군림하는 고집불통 관료들의 머릿속에 들어 있는 '인도주의적' 이데올로기에서는 프론텍스가 중심적인 역할을 한다. 레스큐 앤드 시큐어라니…. 이게 무슨 당치도 않은 위선인가! 망명 신청자 사냥에 앞장서는 주역들은 전혀, 정말이지 어디로 보아도 전혀, '구조자'적인 면모를 보이지 않는다. 프론텍스 소속 선박들은 군사용으로 무장된 군함들이다. 그 배엔 의사도 간호사도 수상 구조원도 없으며, 여러 유럽연합 회원국들에서 채용된 경찰과 헌병이 있을 뿐이다.

프론텍스는 최근에 임기며 경비, 기술 장비 면에서 이전에 비해 훨씬 강화된 기관으로 탈바꿈했다. 유럽 대외 국경 관리 협력 기관으로 이름을 바꿔 단 것이다. 이름을 바꿨다고는 하나, 새 기구는 여전히 프론텍스라는 이름으로 활동한다. 그리고 프론텍스의 야만성에 쏟아지는 가벼이 넘기기 어려운 비난은 비단 에게해에서의 활동에만 국한되지 않는다. 프론텍스 소속 경찰들은 전 세계 다른 지역에서도 난민들을 억압하고 겁주기 위해 자주 같은 방식을 쓰기 때문이다.[5]

한 가지 실례를 보자. 유럽연합의 보스니아-헤르체고비나 쪽 경계 지역에선 수만 명의 난민들이 비인간적인 환경에서 살고 있다. 이들 대부분은 시리아, 아프가니스탄, 이란에서 건너온 사람들이다. NATO의 철조망이 크로아티아 경계선을 방어한다. 복면 착용에 철제 곤봉, 수갑으로 무장한 것으로도 모자라 인간 사냥을 위해 특별히 훈련받은 경찰견까지 대동한 경찰들이 유럽의 크로아티아 쪽 진창길을 순찰한다. 난민들은 정기적으로 모여와 손이 피투성이가 되도록 철조망을 끊고서 유럽 땅에 들어와 망명 신청서를 내기 위해 필사적이다.

경찰들과 이들이 끌고 온 경찰견들은 이들을 내

쫓는다. 경찰들은 어린아이, 여자 가릴 것 없이 누구나 닥치는 대로 곤봉으로 때리기 때문에 난민들이 심각하게 부상을 입는 경우는 비일비재하다.

　　여러 시민단체를 위해 일하는 활동가들은 보스니아-헤르체고비나 북부 난민촌을 근거지로 삼고 있는데, 센터 포 피스 스터디즈Center for Peace Studies도 이들 단체들 가운데 하나로 크로아티아의 자그레브에 본부를 두고 있으며, 보스니아-헤르체코비나의 사라예보에 본부를 둔 하인리히 뵐 재단의 활약도 주목할 만하다. 이들은 철조망까지 난민들과 동행하여 이곳 경찰들에 의해 자행된 폭력의 흔적을 영상으로 기록한다. 경찰들은 모두 똑같은 유니폼과 똑같은 복면, 똑같은 무기를 착용하지만, 사용하는 언어가 제각각이어서 국적이 구별된다. 이곳에서 활동하는 시민단체들은 각기 다른 여러 국적을 가졌지만 모두 프론텍스 소속이라는 공통점을 지닌 이들 경찰들이 폭력을 동반한 격렬한 진압 작전에 참여하고 있을 뿐 아니라, 적지 않은 경우에 그러한 작전을 직접 진두지휘하고 있다고 단언한다.[6]

쏠쏠한 장사

모든 종류의 무기 제조업자, 무기 판매상, 무기 브로커 들에게 있어서 난민, 이주자들과의 전쟁은 시리아, 다르푸르, 예멘 등지에서 벌어지는 그 어떤 전쟁보다도 훨씬 이익이 많이 남는 장사. 최근에 유럽연합은 2027년까지의 예산 전망을 담은 문건을 발표했다. 이 전망치에 따르면, '대외 국경 치안'과 '이주' 관련 항목은 349억 유로(이는 2019년 예산의 3배에 해당된다)로 증액될 예정이다. 한편, 프론텍스 관련 예산으로 말하자면, 향후 7년 동안 120억 유로가 늘어나며, 유럽연합 망명지원사무소의 예산은 같은 기간에 9억 유로 증가한다. 유럽연합 집행위원회는 이처럼 예산을 대폭 늘리는 것에 대해서 다음과 같은 이유를 내세운다. "국경 관리와 이주 문제는 다가올 미래에 유럽연합이 당면하게 될 가장 중요한 과제가 될 것이 확실해 보인다."

인간 섬

브뤼셀의 관료들이 '국경 치안border security'이라고 부르는 것은 무기 거래상들에게 천문학적인 이익을 보장한다.

크리스티안 야콥은 활달한 기질의 젊은이로, 어떠한 시련에도 독립심을 유지하며 사회 정의에 관해서 매우 민감한 반응을 보인다. 그는 현재 베를린에서 발행되는 일간지 ≪디 타게스차이퉁≫(줄여서 ≪타즈≫라고 한다. — 옮긴이)지의 탐사 기자로 일한다. 나는 미틸레네에서 마음 따뜻하고 잘 웃는 이 청년을 만났다. 그는 브뤼셀의 일부 관료들과 각종 포 판매상들과의 끈끈한 관계를 밝혀냄으로써 유명 인사가 되었다.[7]

브뤼셀에서 활동하는 수천 명의 로비스트들 가운데 무기 제조업 관련 로비스트들이 분명 가장 고효율을 자랑하는 부류에 해당될 것이다. 이러한 압력단체들 가운데에서도 가장 막강한 힘을 가진 곳은 유럽 안보기구로, 다국적 무기 제조업체 탈레스의 대표인 루이지 레부피가 이끈다. 유럽연합 집행위원회를 상대로 로비 활동을 벌이는 대포 판매상 대리인들 가운데 가장 황당한 인물은 디르크 니벨이다. 그는 뒤셀도르프의 무기 제조업체 라인메탈을 위해 일한다. 2013년까지 니벨은 독일 국제협력발전부의 장관직을 역임했다. 그는 장관 자리에 있는 동안은 제일 가난한 서민들의 이익을 대변했다.

유럽연합 측의 요청에 따라 무기 제조업자들은 보이지 않는 유럽의 요새를 따라가며 인간 사냥을 하는 데 가장 최적화된 첨단 기술을 개발했다. 유럽연합의 또 다른 기구인 유럽 국경감시체제European Border Surveillance System : Eurosur는 특히 에게해 위와 시브롤터 해협, 사하라 사막, 중앙 지중해 위에 정지궤도 위성을 띄우는 방식을 택했다. 이뿐 아니라, 밤낮으로 초고성능 드론이 육지와 바다 양쪽에서 난민들의 움직임을 낱낱이 감시한다. 아무도 이들의 감시망을 피할 수 없다. 더불어, 지상 레이더는 육지에서 이동하는 박해받은 사람들의 대열을 관찰한다. 그런가 하면, 해안과 육지의 경계선을 따라 은밀한 센서도 촘촘하게 설치되었다.

프론텍스를 괴롭히는 악몽 가운데 하나는 바로 아이들과 성인 밀입국자들을 태우고 그리스 북부 또는 보스니아-헤르체코비나 도로를 달리는 트럭들이다. 그런데 때마침 이들을 탐지해 내는 신기술이 개발되었다. X선 스캐너를 비롯하여 매우 복잡한 몇 가지 기계가 심장 박동을 포착하고 호흡한 공기의 양을 세밀하게 계산한다. 이러한 기구들은, 벌써 짐작했겠지만, 엄청나게 값비싼 장비들이다. 가령 트럭 스캐너 한 대만 해도 가격이 150만 유로 정도 된다.

의심할 여지없이 유럽연합의 관료들은 유럽 납세자들이 그처럼 기발한 기구들을 구입하기 위해 그토록 어마어마한 액수의 세금을 내게 되어 행복하다고 믿고 있는 게 확실하다. 그 기구들이 그들을 난민들로부터 보호해 준다니 말이다.

유럽연합이 자금을 대는 감시 장치 제조자들의 창의력엔 끝이 없다. 그 덕에 터키인들은 (유럽연합의 권유를 받아) 시리아의 북서부와 터키를 갈라놓는 장벽을 따라가면서 기관총이 자동 발사되는 장치를 설치해 두었다. 장벽으로부터 300미터 이내로 접근한 사람은 일단 세 가지 언어로 여러 차례 반복되어 나오는 돌아가라는 경고를 듣게 된다. 경고를 듣고도 계속 전진한다면, 그자는 자동으로 발사되는 기관총에 맞아 죽게 된다. 이 자동 발사 기관총은 특히 가족 단위로 피난길에 오르는 난민들을 상대하는 데 유별나게 효과적이다. 이 신무기는 더크 니벨을 비롯하여 그와 유사한 부류의 인간들이 브뤼셀에서 적극 홍보하고 판매하는 인기 제품들 가운데 하나다.

난민 감시와 진압을 위한 신기술 진작을 위해 가장 중요한 상업적 이벤트로는 파리에서 해마다 개최

되는 밀리폴 박람회를 꼽을 수 있다. 이 행사는 각국 장관들의 참석으로 늘 성황을 이룬다.

현재로서는 이스라엘과 미국 무기 제조업자들이 이 시장을 석권하고 있다. 야콥은 컨설팅 회사 프로스트앤드설리번이 제시한 통계를 인용한다.[8] 유럽연합 관료들이 "국경 치안 기술"이라고 부르는 제반 요소들의 개발에 투자된 비용 총액은 현재 150억 유로 정도 되는데, 2022년에는 이 예산이 290억 유로로 증가할 것이라는 전망이다. 이렇듯 엄청난 액수의 돈, 그러니까 유럽의 납세자들이 낸 세금이 대포 거래상들의 주머니로 옮겨가는 것이다.

인간 섬

'불법 인신매매'

프론텍스 사령부와 에게해 지역에서 활동하는 각종 국제 시민단체 소속 대원들 간의 분위기는 몹시 험악하다.

활동 대원들은 고속정과 망원경, 야간 투시경, 카메라 등을 구비하고 있다. 이들은 생존자들을 면담하고, 푸시백 작전이 진행되는 과정을 관찰한다. 어부들도 이들에게 정보를 제공한다. 이들은 SNS에 작전 중인 프론텍스(또는 NATO) 선박을 보여 주는 수많은 동영상을 올려서 이들이 망명 신청자들을 대상으로 벌이는 진압 작전의 실태를 알린다. 시민단체들은 전 세계의 많은 기자들과 신뢰 관계를 형성하고 있다.

2013년에도 벌써 유럽과 아프리카의 난민 지원 단체들은 세계적인 규모의 프론텍시트Frontexit 캠페인을 벌인 바 있다. 아무 조건 없이 프론텍스라는 기관을 해체해야 한다는 것이 이들의 요구였다.

물론 바르샤바에 위치한 프론텍스 본부에서는 당연히 강하게 반발했다. 프론텍스 측은 다수의 시민단체를 향해 불법 인신매매를 자행하는 범죄 조직들과 공모한다는 비난을 퍼부었다. 에게해에서는, 지중해의 다른 지역 혹은 유럽 대륙의 국경 지역 어디에서나 마찬가지로, 이러한 불법 조직이 활약하는 게 사실이다. 이들은 난민들을 경제적으로 갈취하고, 이들에게 신체적 또는 심리적 공포를 심어 준다. 그러므로 이러한 불법 집단은 가차 없이 색출해서 뿌리 뽑아야 마땅하다. 그런데 절체절명의 위기에 놓인 난민들을 도와주는 시민단체들을 향해 이들과 공모한다는 식으로 비난하는 건 그야말로 어불성설이다.

에게해에서는, 난민들을 구조하고 이들을 도우며 이들과의 연대 의식을 표출하는 시민단체들의 활동을 범죄시하는 프론텍스의 행태로 말미암아 간혹 매우 황당한 상황이 발생하기도 한다. 몇 가지 예를 들겠다.

2018년 8월, 긴급대응공조센터Emergency Response Coordination Center라는 이름을 가진 구조 단체 소속 다섯 명의 자원봉사자가 100일 동안의 미결 구류 끝에 보석금을 지불하고 석방되었다. '인신매매'와 '간첩 행위'가 이 다섯 명에게 씌워진 혐의였다. 이는 사실일 경우 최고 25년 징역까지도 가능한 중대한 범죄이다. 내가 이 책을 탈고할 즈음, 그리스 법정에서는 이들에 대한 재판이 진행 중이었다. 사건 기록을 검토한 미국 시민단체 휴먼 라이츠 워치의 변호사들은 "아무런 알 맹이가 없는 사건"이라고 결론지었다. 이들은 "해양 구조대원들은 근거 없는 혐의로 기소되었다. 검사들은 인명 구조 행위를 범죄로 만들고자 한다"고 적었다.[9]

다른 예도 있다. 시리아 출신 젊은 여성 사라 마르디니는 여동생과 같이 레스보스 해안에 발을 딛고자 시도했다. 그러나 유럽 쪽 바위에 도착하기도 전에 이 두 사람을 비롯하여 다른 난민들(거의 다 시리아 출신의 가족 단위 난민들)을 태운 고무보트의 엔진이 고장 났고, 통제를 벗어난 보트는 제멋대로 표류했다. 사라와 여동생은 둘 다 수영선수였으므로 바다로 뛰어들어 고장 난 보트를 섬까지 끌고 갔다. 그때가 2015년이었다.

그 후, 사라는 독일에서 난민 자격을 얻었으며, 베를린의 바드 컬리지에서 학업을 이어 나갔다. 하루는 모처럼 시간이 나서 난바다에서의 구조 활동에 참가하기 위해 레스보스섬을 찾았다. 그런데 사라가 베를린으로 돌아가려 하자 그리스 경찰이 미틸레네 공항에서 그녀를 체포했다. 소식을 들은 사라의 동료 숀 빈더가 수감된 사라를 면회하려 하자, 스물네 살의 이 청년마저 체포되었다.

2015년에 고장 난 고무보트를 레스보스 해안 기슭까지 끌고 갔다는 이유로(그리고 그 때문에 십중팔구 일정 숫자의 난민들을 구했다는 이유도 더해졌을 것이다) 그리스 법무부는, 프론텍스 측의 고발에 따라, 현재 사라와 여동생을 "불법 인신매매" 혐의로 고소했다. 2019년 현재 재판은 여전히 진행 중이다.

프론텍스 측이 그리스 사법 당국에 제출한 고소 사건은 이외에도 무수히 많다. 대개가 시민단체 소속 구조대원들이 표적이다.

마지막으로 한 가지 사례만 더 소개하겠다. 2016년, 팀 휴머니티Team Humanity와 프로엠 에이드Proem-Aid, 이렇게 두 시민단체에 속한 다섯 명의 여자 구조대원들(저마다 국적이 다 다르다)에게 상당히 큰 액수의 벌금형이 선고되었다. 살람 알딘은 이들 피고인들의 대표 격이었다. 이들의 죄목은? 역시 "불법 인신매매"였다. 이들 다섯 명 가운데 한 명인 모 아바시는 말한다.

우리 그룹은 난민들을 태운 배에서 들려오는 조난 신호를 들었어요. 그래서 우리는 법에 정해진 대로 해안 경비대에 연락했죠. 하지만 해안 경비대는 신속하게 반응하지 않았죠. 그 때문에 우리가 그들을 돕기 위해 우리 배를 타고 출발했습니다. 모든 일이 순조롭게 이루어졌어요…. 그리스 해안 경비대 선박이 나타나기 전까지는 그랬죠. 경비대원들은 엄청나게 공격적이었습니다. 그들은 우리더러 자기들을 따라오라고 명령했어요. 그런 다음 우리는 체포되었고, 고소당했죠.

2019년, 몇 년간의 법정 싸움 끝에, 하나로 뭉친 여러 시민단체들과 국제적인 변호사 팀의 지원을 받은 이 다섯 명은 무죄 판결을 받았고, 혐의를 벗었다.

≪파이낸셜타임스≫지에 기고한 글에서, 국경없는의사회의 조력자인 오렐리 퐁티외는 상황을 다음과 같이 요약한다.

우리는 위험에 빠진 난민선들이 있는지 적극적으로 탐색한다. 덕분에 우리는 자주 프론텍스나 해안 경비대보다 먼저 난민들을 발견한다. 일이 대체로 그렇게 진행된다는 말이다. 그렇다고 해서 우리가 (밀입국 안내원들과) 공모한다는 말은 아니다. 이건 시민단체들과 불법 인신매매 조직들 사이에 공모 관계가 형성되어 있느냐 아니냐의 문제가 아니다. 우리가 고민해 보아야 할 단 하나의 질문이 있다면 그건 바로 어째서 그토록 많은 사람들이 난바다에서 죽느냐는 것이다. 프론텍스는 그 문제에 집중해야 한다.[10]

프론텍스가 구사하는 각별히 혐오스러운 또 다른 전략 한 가지도 반드시 짚고 넘어가야 한다. 사실 밀입국 안내원들이 직접 난민들을 빼곡하게 태운 잉성한 배를 모는 경우란 거의 없다. 이들은 난민들 가운데 한 명을 골라(대개 무리 중에서 가장 가진 것 없는 자가 선택된다) 기초적인 몇 가지 항해 규칙을 알려 주고는 그에게 배를 맡긴다. 그 대가로, 뽑힌 난민에겐 비용을 약간 깎아 준다. 그러므로 프론텍스 소속 경찰들에게 발각될 경우, 이 가엾은 사람이 밀입국 안내인으로 간주되어 그리스 법정에 서게 된다. 인신매매는 징역 25년까지도 가능한 중죄에 해당된다.

난민이 아닌 난민들

박해를 받는 인간에게는, 불법 월경 따위란 있을 수 없을 터다.

1948년에 제정된 세계 인권선언문 제14조엔 "박해 앞에서, 모든 사람은 다른 나라에서 피난처를 구하고 그곳으로 망명할 권리가 있다"고 명시되어 있다.

전 세계 193개국이 유엔에 가입하면서 이 문헌(그리고 유엔 헌장)에 서명했다.

유럽연합의 모든 회원국은 이 외에도 1951년 7월 8일에 제정된 난민의 지위에 관한 유엔 협약(간단하게 난민협약이라고도 한다 — 옮긴이)에도 서명하고, 이를 비준했다. 그 협약의 전문은 이렇다.

협약 체결국들은,
유엔 헌장과 1948년 12월 10일 총회에서 승인된 세계 인권선언이 모든 인간들은 차별 없이 인권과 기본적

자유를 향유할 수 있어야 한다고 확인해 주었음을 고려하며,

유엔이 여러 차례에 걸쳐서 난민들을 향한 심각한 우려를 표명했으며, 이들에게 최대한 광범위한 인권과 기본적 자유의 행사를 보장하기 위해 전념하고 있음을 고려하며,

난민들의 지위에 관한 이전의 국제 협약들을 수정하고 명문화하고, 유엔이 보유한 수단의 적용을 확대하고 유엔이 새로운 협약을 통해서 난민들에게 보장하고자 하는 보호를 확대하는 것이 바람직하다고 인정하며,

이와 같은 망명권의 부여로 일부 국가들에게는 예외적으로 무거운 부담이 야기될 수 있고, 유엔이 그 파급력과 국제적인 성격을 인정하는 제반 문제들의 만족스러운 해결은, 이러한 가정에 입각해서 생각할 때, 국제적인 연대 의식 없이는 얻어질 수 없음을 인정하며,

모든 국가들이 난민 문제가 지니는 사회적이고 인도주의적인 양상을 인정하여, 이 문제가 국가 간의 긴장을 초래하는 단초가 되지 않도록 각자의 능력 안에서 할 수 있는 모든 조치를 취하기를 바라는 기대를 표명하며,

유엔난민고등판무관에게는 난민 보호를 보장하는 내용의 국제 협약 이행을 감시해야 할 임무가 있음을 확

인간 섬

인하고, 이 문제를 해결하기 위한 조치들의 실질적인 조율이 각 국가와 고등판무관 사이의 원활한 협력 관계에 있음을 인정하여 다음과 같은 조항에 합의한다.

1조 : "난민"이라는 용어의 정의
이 협약을 체결함에 있어서, "난민"이라는 용어는 아래에 열거한 모든 사람에게 적용된다. ……
② 1951년 1월 1일 이전에 일어난 사건들로 인하여, 자신의 인종과 종교, 국적, 특정 사회 집단 소속 여부 또는 자신의 정치적 견해 때문에 합리적으로 판단할 때 박해를 받게 될까 봐 두려워 자기 나라를 벗어났거나, 이 두려움 때문에 자기 나라에 도움을 청할 수 없거나, 청하기를 원하지 않는 자, 또는 그 나라의 국적은 없으나 외부 사건에 의해 거주하던 나라를 떠나 있으면서, 상기한 두려움 때문에 살던 곳으로 돌아갈 수 없거나 돌아가기를 원하지 않는 자. ……

3조 : 비차별주의
본 협약을 체결하는 나라는 이 협약을 인종과 종교 또는 출신국 등에 따른 차별 없이 난민들에게 적용해야 한다.

4조 : 종교

본 협약을 체결하는 나라는 종교의 자유와 자녀들의
종교 교육의 자유에 관해서 적어도 자국민들에게 적용
되는 것과 똑같은 정도의 자유를 난민들에게 제공해야
한다. ……

32조 : 추방

1. 본 협약을 체결하는 나라는 정식으로 자국의 영토에
들어온 난민을 국가 안위 또는 공공의 안녕을 위한 이
유가 아니고는 추방할 수 없다.

2. 난민의 추방은 법에서 정한 절차에 합당하게 이루
어진 결정을 실행할 경우에만 유효하다. 난민은 국가
의 안위라는 중차대한 이유만 아니면, 이 결정을 거부
하고, 자신의 혐의를 벗겨 줄 수 있는 증거를 제출할 수
있으며, 이를 위해서 대리인의 지원을 받아 관계 당국
또는 관계 당국이 특별히 지정한 한 명 혹은 여러 명의
사람들 앞에 출두할 수 있다.

3. 본 협약을 체결하는 나라는 난민에게 그가 타국 생
활에 적응하는 데 적당하다고 여겨질 만큼의 유예기간
을 허용해야 한다. 본 협약을 체결하는 나라는 이 기간
동안 난민에게 합리적이라고 판단되는 국내적 조치를
적용한다.

33조 : 추방과 국경 봉쇄 금지

1. 본 협약을 체결하는 어떤 나라도, 어떤 방식이 되었든, 난민을 그의 생명 또는 자유가 인종이나 종교, 국적, 특정 사회 집단 소속, 또는 정치적 견해를 이유로 위협받을 염려가 있는 영토로 추방하지 않는다.

2. 난민은 그러나 현재 체류하는 나라의 안전에 위협이 되거나, 특별히 중대한 범죄로 인하여 형이 결정됨으로써 그 나라의 공동체에 위협을 주는 인물로 판결이 날 경우엔 이 조항이 규정하는 혜택을 누릴 수 없다.

모든 푸시백 작전은 그러므로 난민에게 망명을 신청할 권리조차 주지 않는다는 이유에서 명백한 인권 침해에 해당된다.

한 나라가 망명 신청을 거부하는 건 또 다른 문제다. 망명 신청조차 할 수 없도록 방해하는 것은 분명 난민의 권리를 부정하는 것이다.

잠깐 여담을 하나 하겠다.

2007년 3월 어느 우중충한 오후에 나는 제네바의 프랑스 대로와 몽브리양 대로가 만나는 모퉁이, 유엔 건물과 마주보는 곳에 자리 잡은 콘크리트와 철강, 유리로 지어진 웅장한 건물 9층에 있었다. 이곳은 바로 유엔난민기구 본부였다. 당시 난민고등판무관은 지금은 유엔 사무총장이 된 안토니우 구테흐스였다. 그는 아주 섬세한 지성과 흔들리지 않는 정의감으로 무장한 데다 마음이 따뜻한 인물로 이따금씩 무섭게 분노하기도 하는 성격의 소유자였다. 좌파 성향 기독교인으로서, 머리끝부터 발끝까지 온통 사회주의적 신념으로 무장한 사람이라고 해도 과언이 아니다.

빌리 브란트, 토마 상카라, 브루노 크리스키, 코피 아난, 넬슨 만델라, 피델 카스트로 등과 더불어 안토니우 구테흐스는, 내가 아는 한 드물게 보는 진정한 의미의 정치가 가운데 하나다. 전직 포르투갈 수상으로, 그는 코피 아난에 의해 유엔난민고등판무관으로 임명되기 전까지 사회주의 인터내셔널의 대표직을 역임했다. 나 역시 사회주의 인터내셔널의 집행위원회 위원으로 활동한 이력이 있다. 그러므로 나는 그와 신뢰감과 연대 의식으로 끈끈하게 연결되어 있다고 말할 수 있다.

하지만 그날 나는 그의 집무실에서 상당히 불쾌한 오후를 보냈다. 밖엔 눈이 내리는 중이었다. 도로가 온통 빙판이 되어 교통 혼잡이 극심했다. 나는 당시 유엔인권위원회 식량 특별조사관 신분이었고, 그 자격으로 난민고등판무관의 호출을 받았다.

그의 집무실에 들어서자마자 나는 그의 심기가 편치 않음을 느꼈다. "아니, 내가 무슨 소식을 들었는지 아는가? 자네는 다음번 보고서에 기아를 피해 이주에 나서는 자들에게도 난민 지위를 부여하기를 원한다는 내용을 집어넣고 싶어 한다면서? 그 내용을 협약 1조에 포함시키고 싶어 한다던데? 그러기 위해서 국제적 차원에서의 협약 재검토를 시작해야 한다고도 하고? 자네 원래 그렇게 무책임한 사람인가, 장?"

느닷없는 그의 공격에 나는 말문이 막혔다.

"자넨 그게 무얼 뜻하는지 알기나 하나? 그 협약의 어느 조항에 관해서건 협상을 시작하게 되는 순간 자네는 협약 자체를, 따라서 망명권을 위험에 처하게 만드는 걸세. 자네도 나만큼이나 잘 알지 않는가. 외국인 혐오증이 유럽 국가들뿐만 아니라 다른 지역도 위협하고 있다는 사실 말일세. 인종차별적이고 외국인 혐오적인 정당들과 각종 단체들이 선거 때마다 세를 확장해 나가고 있지 않느냔 말일세. 자네가 망명권 자체가 사라지기를 바라는 게 아니라면 그런 제안은 얼른 철회하게."

구테흐스는 전형적인 포르투갈인, 그러니까 넘치는 활력과 절대 고갈되지 않는 에너지를 지닌 사람이다. 그는 다른 사람이 그에게 저항하는 경우 굉장히 힘들어한다. 나는 당시 '경제 난민'으로 취급되어 보호가 필요 없는 이들로 치부되던 기아 난민들의 상황을 설명해 가며 내가 할 수 있는 최선을 다했다.

오후 시간도 다 지나고, 밤이 내려앉았다. 우리는 여전히 토론 중이었다. 결국 나는 제안을 철회하겠다고 그에게 약속했다. 그렇지만, 지금까지도 나의 신념은 바뀌지 않았다.

내가 이 글을 쓰고 있는 동안, 시리아 북서부의 이들리브(아직까지는 도시며 주변 마을들이 모두 폐허로 변해 버린 다마스쿠스 살인마들의 손아귀에서 용케 벗어나 있던 곳)에서는 남녀노소를 구분할 것도 없이 사람들 팔다리가 잘려 나가고, 불에 타고, 러시아 측이며 시리아 측의 가공할 폭격으로 산화된다. 살아남은 자식들을 데리고 이들리브라는 지옥을 벗어나고자, 아버지들은 국경 너머에서 더도 말고 다만 피난처를 마련할 수 있는 권리를 행사하고자 한다. 2011년 이후 벌써 수백만 명의 시리아인이 고국을 등졌다. 그런데도 이 지옥을 빠져 나가려는 시도는 여전히 현재 진행형이다.[11]

남수단에서는 2년 전부터 딩카, 실루크, 누에르 족 들이 끔찍한 기근에 시달리고 있다.

주바에서는 2017년부터 백나일강을 따라 세워진 캠프촌이나 도시며 촌락에서 아이들을 포함하여 수만 명의 남녀노소가 기아와 탈수, 콜레라 등으로 사망하고 있다. 기적적으로 에티오피아나 우간다 땅을 밟은 사람들은 그러나 국제적인 차원의 보호를 거부당하기 일쑤다. 이들이 1951년 협약의 적용을 받지 않는다는 이유 때문이다. 때문에 이들 난민들은 자주 '경제 이주민'으로 분류되어 국경에서 퇴거당하거나 불결한 캠프촌에 아무런 권리도 없이 갇혀 있어야 한다.

누가 나한테 제발 주바에서 기아로 사망하는 것과 이들리브에서 시리아나 러시아제 유독성 탄환을 맞아 죽는 것의 차이를 좀 설명해 달라!

나는 "당신의 의도는 좋긴 하나 비현실적이다. 우리는 기근으로 인한 난민을 규정할 수 없기 때문이다"라는 소리를 자주 듣는다. 틀린 말이다! 이 부류의 난민은 얼마든지 명확하게 정의할 수 있으니까.

낡고 허름하기 짝이 없는 로마의 세계식량계획 본부 건물에는 두 개의 방이 있는데, 여기에서 매일 수십만 명의 운명이(좀 더 구체적으로 말하자면 그들의 삶과 죽음이) 결정된다. 두 방 중에서 "상황실"이라고 불리는 첫 번째 방은 세계식량계획의 모든 데이터가 축적되어 있는 일종의 데이터 뱅크이다. 이 상황실의 네 벽은 거대한 지도들과 화면들로 도배되어 있으며, 기다란 검은색 테이블 위엔 일기예보 지도, 위성사진 등이 수북하게 쌓여 있다. 세계 각지의 작황 상황이 날이면 날마다 살펴지고 있으며, 메뚜기 떼의 움직임, 해상 화물의 용선료, 시카고 선물거래소를 비롯하여 세계 각지 곡물 거래소의 쌀, 옥수수, 조, 밀, 보리 시세 외에도 다른 수많은 경제 변수들이 실시간으로 입수되어 쉴 새 없이 검토되고 분석된다.

로마 세계식량계획 본부의 또 다른 전략실로 말하자면, 얼핏 보아도 상황실보다 덜 인상적이고 상주하는 각 분야 전문가들의 수도 적은 이 방은 취약성 분석과 지도 작성 분과가 일하는 곳이다. 조이스 카냥와 루마라는 에너지 넘치는 여성이 이 분과를 이끈다. 바로 이 방에서 지구상 다섯 개 대륙을 대상으로 취약한 집단을 찾아내어 확인하기 위한 세밀한 조사가 이루어진다.

조이스 루마는 어떤 의미에서는 이 세계가 보여주는 비참함을 서열화하는 임무를 짊어지고 있다고 말할 수 있다. 그녀는 캄보디아, 페루, 방글라데시, 말라위, 차드, 스리랑카, 버마, 파키스탄, 라오스 등지에서 지역 시민단체들에게 현장 실사 용역을 주고 있다.

현지 조사원들(대다수가 여성이다)은 대단히 상세하게 작성된 질문지를 들고서 이 마을 저 마을, 이 빈민촌 저 빈민촌을 돌며 한 가정의 가장들, 혼자 사는 사람들, 싱글맘들에게 그들의 수입이며 직업, 식생활 상황, 가족을 위협하는 질병, 식수 부족 등에 관해 묻는다. 이들의 답변으로 채워진 질문지는 로마로 보내져 조이스 루마와 그녀의 팀원들에 의해 분석된다.

조이스 루마 팀에게 주어진 임무의 핵심은 선별 작업이다. 세계식량계획의 재정적인 여건이 2008년 이후 악화일로를 걷고 있으며 활용 가능한 식량은 세계식량계획을 향해 내미는 수백만 개의 손을 채워 주기엔 턱없이 부족하므로, 선별은 필수적이다.

물론 조이스는 공정을 기하려 필사적이다. 세계에서 가장 규모가 큰 인도주의 기구가 동원할 수 있는 모든 기술적, 재정적 역량을 총동원하여 기근으로 허덕이는 각 나라에서 가장 즉각적으로 위험에 처하게 될 집단을 선별해 내기 위해 전력투구하는 것이다. 운이 없어서 "극단적으로 취약한 그룹" 범주에 들어가지 않게 되었으나 그렇다고 해서 심각한 영양 결핍 위협, 다시 말해서 죽음의 위협에서 벗어나 있다고는 할 수 없는 개인 또는 집단은 그대로 방치된다. 이들의 죽음은 "극단적으로 취약한" 자들의 죽음에 비해서 아주 조금 늦춰질 것으로 예견되는 데도 말이다. 인류애와 측은지심으로 빛나는 조이스 루마는 이렇듯, 세계식량계획에 가해지는 객관적인 압박의 이름으로, 누가 살고 누가 죽을 것인지 결정한다.

기아 난민을 알아내는 건 전혀 어려운 일이 아니다. 조이스 루마와 그녀의 팀원들이 사용하는 위성사진들만 있으면 세계의 어느 지역에서 아직도 농사가 가능한지, 어느 지역의 토양이 아직도 인간을 먹여 살릴 수 있는지, 인간이 확실하게 삶을 영위할 수 있으리라고 장담할 수 없는 곳은 어디인지 구별할 수 있다.

하지만 현재 시점에서, 국제 공법은 기아 난민들을 협약에 따른 보호 대상에서 배제하고 있다.

나도 물론 기아 난민을 망명권 수혜자에 포함시키자는 나의 제안에 대해 안토니우 구테흐스가 제시한 논거를 누구보다 잘 이해한다. 그럼에도 나는 여전히 기아 난민들의 너무도 인간적인 고통이 필요로 하는 보호를 제공하기 위해서 1951년 협약을 수정할 날이 반드시 올 거라고 확신한다.

실패와 부패

가까운 역사에서 같은 시각에 탈출을 결행하는 사람의 수가 요즘처럼 많았던 적은 일찍이 없다. 유엔 난민기구는 이 숫자가 6000만 명을 넘을 것으로 추산하는데, 이 중 2500만 명은 전쟁, 고문 혹은 다른 비인간적인 처우를 피해 고향을 등진 자들이다. 국제적십자위원회는 이들을 "폭력 난민"이라고 부른다.

시리아, 이라크, 아프가니스탄, 리비아, 수단 서부 지역(다르푸르), 남수단, 중앙아프리카공화국 등지에서 벌어지는 전쟁으로 인한 피난민들의 물결은 2015년 여름 그 절정에 도달했다. 박해받는 인간들의 거대한 해일은 유럽 남쪽 경계선 지대를 밀고 들어왔다.

룩셈부르크에 본부를 둔 유럽연합 회계감사원의 발표에 따르면, 대량 이주가 절정에 달했던 시점에, 그리스 섬들로 들어가기 위해 에게해를 건넌 사람들

은 85만 명 정도로 추산된다.[12]

이렇듯 심각하고 끔찍한 상황에 당면하여, 유럽연합은 난민들을 28개 회원국에 분배하는 것을 골자로 하는 '한시적 긴급 재배치 계획'을 협상에 붙였다.[13] 브뤼셀 관료들의 머리에서 핫 스폿, 즉 유럽연합이 경비를 대는 사전 접수 센터 설치라는 아이디어가 나온 건 바로 이즈음이었다. 이 센터에서 난민을 접수한 다음 그리스 관계 당국으로 이송하면, 그리스 관계 당국은 이들의 망명 신청을 받아들일지 말지를 결정하는 것이다. 신청이 받아들여진 난민은 유럽연합의 28개 회원국 가운데 한 곳(협상된 내용에 따라)으로 보내진다.

그런데 이 재배치 계획은 오늘까지도 전혀 실행되지 않고 있다. 독일이 100만 명 넘는 난민을 망명권의 이름으로 자국 영토 안에 수용하기로 한 반면, 헝가리, 폴란드, 불가리아, 루마니아 등은 이와 같은 재배치 계획에 참여하기를 단호히 거부했다. 슬로바키아로 말하자면, 지금까지 고작 수백 명을 받아들이면서 그나마도 가톨릭 신자여야 한다는 조건을 달았다. 폴란드는 여당인 법과정의당이 오늘까지도 난민 재배치 계획 절대 반대 입장을 고수하고 있다. 폴란드의 "인종적 순혈주의"를 보호한다는 것이 이들의 반대

이유다.[14]

2017년에 벌써 유럽연합 집행위원회는 헝가리, 폴란드, 체코를 유럽연합의 사법재판소에 제소했다. 이 계획에 강제력이 있다고 판단한 사법재판소는 이들 세 나라에 유죄 판결을 내렸다. 그래 봐야 아무 소용없었다. 이 세 나라의 정부는 유럽연합 사법재판소의 판결을 완전히 무시하고 있다.

난민 재배치 계획에 관한 유럽연합의 명백한 실패는, 짐작하다시피 에게해 인근 핫 스폿의 어처구니없는 과밀 사태라는 결과를 초래했다.

난민 판정의 세 단계, 즉 '사전 접수-망명 요청의 수락 혹은 거부-재배치 절차'를 마무리 짓는 데에는, 적어도 브뤼셀의 관료들이 보기엔, 길어야 6개월이면 충분하다. 하지만 이는 현실과 완전히 동떨어진 환상에 불과하다!

유럽연합 회계감사원의 2017년도 보고서에 따르면, 일단 망명 요청자가 최초로 서류를 접수(사전 접수)하려면 엄청나게 긴 시간을 대기해야 한다. 이 대기 기간은 길면 3년까지 걸릴 수도 있다! 기다림 자체도 힘들지만 그 시간 동안의 거의 전적인 정보 부재는 당연히 망명 요청자들을 극도의 불안으로 몰아간다. 불확실성, 자신의 의사를 전달할 수 없다는 무력감,

막연한 기대감 등으로 말미암아 난민들은 외상을 유발하는 상황, 즉 고통과 오해가 쌓이는 상황에 놓이게 되며, 때로 이들 가운데 일부는 자살이라는 극단적인 선택을 하기도 한다.

여기에 더해서, 이 모든 절차들이 솔직히 위선과 기만으로 점철되어 있다는 점도 염두에 두어야 한다. 공식적인 에게해의 핫 스폿은 전부 그리스의 독점적인 주권이 인정되는 곳에 있다. 그러나 실제로 난민 문제와 관련된 모든 절차는 유럽연합의 각기 다른 기구들이 관장한다. 그런데 이 기구들이라고 하는 것들은, 가령 유로폴(유로폴은 불법 인신매매 조직 타파 책임 기관으로 인신매매 브로커나 난민 무리에 섞여 있는 잠정적 테러리스트를 색출하는 임무를 맡고 있다)을 예로 들자면, 장비 면에서나 인력 면에서 두루두루 낙후된 형편이므로 일하는 속도 또한 엄청 더디다. 핫 스폿으로 쏟아져 들어오는 대규모 난민 집단 사이에서 지하드 테러리스트들을 가려내려면, 여러 날에 걸친 길고 상세한 신문이 필요하다. 위에서 언급한 회계감사원의 보고서는 그리스 영토 내의 다섯 개 핫 스폿에 적어도 유로폴 요원 100명 정도는 상주해야 이러한 업무가 가능하다고 판단하는데, 2017년의 경우 실제 담당 직원은 고작 16명에 불과했다.

유럽연합 망명지원사무소의 경우도 사정은 다르지 않다. 이 기관 소속 공무원들은 난민들의 망명 신청 적격/부적격 판단을 내리기에 앞서 필요한 신문과 사실 확인 작업을 담당한다. 망명지원사무소 소속 수사관들이 작성한 결과는 그리스 관계 당국으로 넘어가게 되며, 여기서 난민들의 최종적인 망명 허가 여부가 결정된다. 하지만 2017년 현재 다섯 군데 핫 스폿에서 일하는 망명지원사무소 담당 직원은 41명에 불과했으며, 그 후 얻은 정보에 따르면, 지금까지 이 숫자는 눈에 띄게 늘어났다고 보기 어렵다.

마지막으로, 유로폴과 공조 관계에 있는 프론텍스도 난민들 중에서 테러리스트들을 색출해 내고, 국제적인 불법 인신매매 조직을 타파해야 할 책무를 담당한다. 그런데 프론텍스에서 일하는 인력도 역시 불충분하다.

이처럼 인력이 부족한 이유는 아주 간단하다. 이들 기관 각각이 "파견" 전문가들과 일하기 때문이다. 예를 들어 프론텍스의 경우, 여기서 일하는 경찰들은 제각기 자기 나라에서 일시적으로 차출된 사람들이며, 이들 중 더러는 파견 근무 기간이 2주도 채 안 될 때도 있다. 유로폴도 사정이 다르지 않다. 공식적인 문건에서는 이들 요원들을 "초빙 인력"이라고 지칭한다. 십중팔구 이들이 원칙적으로는 주권국가 공무원들에게만 부여된 활동(공권력 활용, 외국인을 신문하는 권한 등)을 하기 때문일 것이다. 각기 다른 다양한 데이터베이스(중앙 컴퓨터가 스트라스부르에 있는 셍겐 관련 정보, 각 나라의 각기 다른 지방 당국이 보유한 정보 등)를 취합해서 얻은 정보들을 확인하는 일은 고도의 전문적인 능력을 요구한다. 그러므로 여러 나라의 경찰 혹은 정보기관들이 자국 전문가들을 대량으로 장기간 파견 내보내기를 꺼리리라는 점은 쉽게 이해할 수 있다.

2016년, 유럽연합 지도자들은 그리스에 1억 유로의 긴급지원금을 지급하기로 합의했다. 핫 스폿에서 이루어지는 여러 활동들, 가령 위생 시설 설치, 상하수도 정비, 그리스 경찰 업무의 전산화 등에 필요한 경비로 사용될 돈이었다.

그러나 핫 스폿에서는 부패야말로 영원히 사라지지 않는 고질이다. 유럽연합 회계감사원은 1억 유로를 지급한 지 2년이 지난 시점에 그리스 정부를 배려라도 하는 듯 점잖게 몇 마디 적었다. "이 돈의 용처에 대해서는 아직 아무런 보고를 받지 못했다."[15] 2017년 이후 유럽부패방지총국은 치프라스 정부의 몇몇 장관을 상대로 수사를 벌이고 있다.

부패 이야기가 나왔으니 덧붙이자면, 레스보스 섬의 300킬로미터가 넘는 야성적인 해안선을 따라가다 보면, 방문객들은 군데군데 구명조끼들이 작은 산처럼 쌓여 있는 광경을 보게 된다. 이는 난민들이 섬에 발을 딛자마자 구명조끼를 벗어 버리기 때문에 생겨난 풍경이다. 같은 장소에서는 터져 버린 고무보트들이 해안가 암석들 위에 걸려 있는 광경도 볼 수 있다. 그뿐 아니라, 해안을 산책하는 사람들이나 만 안에서 배를 타는 사람들은 거의 규칙적으로 황당한 장면을 목격하게 된다. 아침 일찍 또는 저녁 해 질 무렵이면 소형트럭들이 해안도로를 누비는데, 트럭 운전 기사들은 구명조끼 산과 고장 난 보트 잔해들이 시야에 들어오면 차를 멈춘다. 그리고는 못 쓰게 된 보트로 다가가 거기서 모터를 제거하고 배의 바닥에 부착된 금속판을 절단한다. 이렇게 수집된 부품은 고기잡이배 편으로 해협을 횡단하게 되고, 불법 거래상들은 이걸 가지고 새 배를 만든다. 이렇듯 경찰과 해안 경비대들의 눈앞에서 이문이 크게 남는 불법 거래가 버젓하게 이루어지고 있는 형편이다.

올리브나무 숲

2019년 5월, 레스보스행 비행기에 오르기 전에, 나는 아테네에 사는 몇몇 그리스 친구들에게 조언을 청할 겸 전화를 돌렸다. 나는 그리스에서 제일 명망 높은 사회학자들 가운데 한 명인 멜레티스 멜레토풀로스에게도 물론 전화를 했는데, 그는 나에게 거두절미하고 딱 한 마디 충고를 건넸다. "그러니까 자네는 에게해의 수용소를 방문할 거란 말이지? 그렇다면 충격받을 준비나 하게나."

멜레티스의 말이 맞았다. 모리아에 간다는 건 심리적 충격에 무방비 상태로 노출되는 것이다.

미틸레네와 딱 붙은 이 작은 마을은 은은한 향기를 내뿜는 정원으로 둘러싸인 오래되고 아름다운 주택들로 형성되어 있다. 그 주택가 너머로는 포도나무와 올리브나무가 심어진 낮은 둔덕들이 펼쳐진다. 마을 끝자락에 있는 집들 뒤로 가파른 아스팔트 포장도로가 생뚱맞게 이어진다. 난민촌은 경사가 급하고 돌이 많은 언덕 위에 있다. 예전에 병영이 있던 곳을 개조했다는데, 본래 병사 3000명을 수용하던 시설이었다고 한다. 현재는 깨진 유리 조각과 철조망을 잔뜩 얹고 있는 사방 네 개의 벽 안쪽에 1만 8000명이 넘는 다양한 국적(아프가니스탄, 시리아, 이라크, 이란 출신이 가장 많다)의 난민들이 망명 신청을 위해 머물고 있다.

이곳이 바로 유럽에서 가장 규모가 큰 난민 수용소이다.

유엔난민기구가 제공하는 텐트와 컨테이너들이 약 4.5헥타르, 다시 말해서 축구장 6개 정도의 면적을 뒤덮고 있다.

경사면의 아래쪽, 난민 수용소 입구에 설치된 거대한 철문 앞에서는 무장한 검은 정복 차림의 경찰들이 그곳을 지나가는 사람들을 불러 세운다. 방문객은 그리스 이주移住부 장관이 발급해 준 특별한 허가증을 제시해야 한다. 이 소중한 서류를 손에 넣기 위해서는 여러 주에 걸쳐서 담당 국장인 아나타소폴로스 씨와 수많은 편지를 주고받아야 했다.

드디어 모두가…… 그러니까 나와 나의 페르시아어 통역 나이엠 모하메드만 빼고, 다들 허가증을 받았다. 그러니 나는 난민 수용소 안에 들어가 보지도 못하고 쫓겨날 수도 있는 위기였다. 그러나 레스보스 국회의원 조르조스 팔리스의 끈질긴 설득으로 커다란 철문이 마침내 열렸다.

병영과 거기 딸린 부속 건물들을 에워싼 네 개의 벽 위로는 NATO 측이 철조망을 무려 세 층씩이나 올렸다. 나는 이렇게 생긴 철조망을 증오한다. 이와 똑같은 철조망을 이스라엘에 점령당한 팔레스타인 내의 툴카름과 나블루스 인근 이스라엘 식민지에서도 보았다. 그곳에서는 둥글게 만 철조망을 층층이 올린 NATO식 콘크리트 블록이 도로를 차단함으로써 농부는 자기 밭으로 가지 못하고, 어린 학생들은 학교에 가지 못했다.

헝가리와 크로아티아의 국경 경비대도 같은 방식으로 자기 나라 땅에서 박해받다 못해 유럽에 망명을 신청하겠다는 실낱같은 희망 하나로 몰려오는 난민들이 주로 이용하는 길을 차단해 버린다.

스페인 기업 ESF가 "NATO 스타일 철조망"의 주된 생산업자이다. 이 회사에서 근무하는 뇌가 배배 꼬인 엔지니어들은 면도날처럼 예리하게 벼려진 금속 날이 촘촘하게 박힌, 웬만해서는 끊어지지 않는 철조망을 발명했다. 이 철조망을 들어 올려 그 틈으로 기어들어 오려는 난민들은 손이 찢어지고, 때로는 힘줄이 잘리기도 한다.

모리아 난민촌은 혼잡하기로 끔찍하기 이를 데 없다. 공식 수용소의 네 벽 바깥으로 또 다른 수용소가 펼쳐지는데, 이곳이 소위 "비공식적인" 수용 시설이다. 말이 수용 시설이지, 이건 완전히 참혹한 빈민촌이다. 그럼에도 이름만큼은 시적이다. 올리브나무 숲 1, 올리브나무 숲 2, 올리브나무 숲 3…….

이와 동일한 유형의 판자촌이 사모스섬에도 존재하는데, 거기서는 "정글"이라고 불린다.[16] 4000명가량(2019년 11월 시점의 집계)의 난민이 화장실도, 샤워 시설도, 전기도, 수도도 없는 이 정글에서 근근이 살아가고 있다. 사모스섬에서 활동하는 국경없는의사회의 대표 요르고스 카라지아니스는 "매일 난민들을 태운 배들이 속속 도착한다. 그들을 맞아들이기 위해 마련된 공간이라고는 전혀 없는 데도 말이다"라고 알렸다.[17]

모리아의 경우, 옛 병영이나 그 부속 건물들, 또는 그곳의 무기 창고 안에서 자리를 확보하지 못한 수천 명의 난민은 벽 너머 주변 올리브나무 숲에 정착하는 수밖에 없다. 그들이 그곳에 마련하는 거처는 극도로 비위생적이고 어설프기 그지없다. 그곳엔 유엔난민기구가 제공하는 컨테이너도 텐트도 없으며, 그저 얼기설기 엮은 나뭇가지 위에 비닐, 또는 여름 휴가철 관광에 나선 청소년들이 사용하는 허술한 텐트를 덮는 것이 고작이다. 올리브나무 숲의 판잣집엔 당연히 침대 틀 같은 것도 없다. 무슨 말인가 하면 난민들은 습기를 차단하려고 판자만 엉성하게 깔 뿐, 맨바닥에서 한데 잠을 잔다.

모리아의 공식 수용소엔 그나마 그리스 정부가 화장실을 설치했으나, 안에서 문을 잠글 수도 없는 부실한 화장실이다. 게다가 극도로 비위생적이고, 악취가 나며 불결하기 짝이 없다. 무엇보다 수량이 절대적으로 부족하다.

요아니스 발파카키스는 재기발랄한 중년 남자로, 짧게 자른 머리에, 검고 작은 두 눈으로는 항상 호기심과 경계심을 동시에 담아 방문객을 찬찬히 살핀다. 그는 "모리아 수용소 사령관"이라는 군대식 호칭으로 불린다. 그의 집무실은 간소하다 못해 준엄하기까지 하다. 철제 의자 몇 개, 보고서가 잔뜩 쌓여 있는 커다란 탁자 하나, 요란스러운 소리를 내며 돌아가는 선풍기 한 대, 색색의 각종 통계 그래프들이 그려진 대형 흰색 종이를 붙여 둔 흰 벽. 입구에는 검은색 정복 차림의 덩치 큰 경찰이 지키고 서 있다.

발파카키스는 조르조스 팔리스의 친구라서, 팔리스도 우리의 면담에 배석했다. 이 정도면 확실히 우리 사이에 오간 대화가 솔직했다는 사실을 뒷받침해 줄 수 있지 않을까.

하지만 수용소 사령관은 내내 불편해했다. 누가 보아도 그는 외국인 방문객을 맞아들이는 그리스 책임자로서 으레 보이게 마련인 관대한 태도와 나의 질문이 야기하는 심란한 마음 사이에서 이러지도 저러지도 못하고 갈팡질팡하는 모습이었다. 철제 구조물인 화장실은 수용소 곳곳에 흩어져 있었고, 난 거기서 나는 악취 때문에 충격이 이만저만이 아니었다. 나는 사령관에게 묻는다.

"화장실 하나를 몇 명이 같이 사용합니까?"

그가 대답한다. "잘 모릅니다만… 100명 정도?"

"이 악취는 뭐죠?" 내가 다시 묻는다.

"화장실이 가끔 막히는데…… 그래요, 나도 안다고요! 하지만 우리에겐 돈이 없어요, 우리가 뭘 어떻게 할 수 있는데요……. 게다가 난민들은 규율이라곤 없어요. 특히 아이들은 더 그렇죠."

내가 또 묻는다. "그럼 샤워장은?"

"샤워 꼭지 하나로 150명 정도가 함께 씁니다."

사령관이 답한다.

"온수는 나옵니까? 듣자 하니 심지어 겨울에도 온수가 부족하다던데요. 엄마들이 폐렴 걸릴까 봐 무서워서 아이들을 몇 주 동안이나 씻기지도 못했다던데요."

"나도 알아요, 안다고요. 하지만 다가오는 겨울엔 좀 나아질 겁니다. 아테네에 있는 담당 부처에 온수 장치를 몇 대 요청했으니까요."

"몇 대나 요청하셨죠?"

"정확하게는 잘 모르겠습니다만, 분명 몇 대 정도는 될 겁니다."

레스보스섬 주민들에게 올리브유는 다른 무엇에도 비할 수 없이 제일 중요한 수입원이다. 고기잡이나 관광은 거기에 훨씬 못 미친다. 비공식 난민촌이 끊임없이 확장되어 나가면서, 당연하게도, 올리브나무 농장주들과 난민들 사이의 갈등도 확대된다. 의사이자 여러 해 동안 미틸레네의 시장직을 맡고 있는 스피로스 갈리노는 오랜 기간 이 갈등을 완화시키기 위해 애써 왔다. 그렇지만 중병에 걸린 나머지 2019년 5월에 치러진 시장 선거엔 출마하지 못했다.

이 지역 농부들은 난민들이 자신들의 농지를 무

단 점거하지 않도록 최대한 막아 달라고 지자체 당국에 어마어마한 압력을 행사한다. 그 결과 난민들의 임시 거주지는 점점 더 비좁아지고 혼잡해지다 못해 질식할 지경이다.

현재는 주로 아프가니스탄과 시리아, 이란 출신의 가족 단위 난민 수천 명이 이 비공식 난민촌으로 계속 유입되고 있다.

유엔인권위원회 식량 특별조사관으로 일하는 동안, 나는 리우데자네이루의 가장 큰 빈민촌 호시냐 파벨라, 마닐라의 판자촌 스모키 마운틴, 방글라데시 다카의 빈민촌 등을 둘러보았다. 그런데도 나에게는 모리아의 "올리브나무 숲"에 형성된 판자촌만큼 더럽고, 거기 사는 가족들만큼 절망적인 경우는 처음이었다.

옴은 개선충이라고 하는 기생충에 의해서 전염되는 피부병으로, 이 병에 걸린 사람들은 참기 어려운 가려움증을 호소한다. 에게해의 핫 스폿에서는 불결한 위생 환경과 물 부족으로 수천 명이 옴으로 고생하고 있다.

모리아 수용소 주변으로는 오물이 쌓여만 간다. 들쥐와 뱀들이 이 쓰레기 산들을 제집인 양 드나든다. 물이 없기 때문에 모리아에 수용된 난민들은 잘해야 두 달에 한 번 침낭을 세탁한다. 그러니 컨테이너를 비롯한 이들의 거처엔 이가 우글거린다. 식수 또한 부족해서 난민들 사이엔 각종 신장 관련 질병이 만연한다.

독일 시민단체 보더 모니터링Border Monitoring의 대표 발레리아 헨젤이 작성한 2019년 5월 자 보고서를 보자.

모리아의 난민들에게는 모든 것이 없거나 부족한 상태다. 인간답게 기거할 거처, 적절한 위생 설비, 적절한 의료 조치, 충분한 식량, 의복 등 그야말로 모든 것이 부족하다. 많은 사람들이 몇 시간씩 식사 배급소 앞에서 기다리다가 허기진 배를 움켜쥐고 빈손으로 돌아간다. 대부분의 화장실은 구역질 나게 더럽다. 물은 간헐적으로만 나오며, 그나마도 몇 시간 만에 끊어진다. 텐트 주변엔 인간의 배설물이 쌓여 있으며, 비공식 난민촌의 사정은 한층 더 열악하다. 적지 않은 여성들이 야간에 화장실에 가던 중 성폭행을 당했다고 털어놓았다. 이 여성들은 겁에 질려 있다. 그 때문에 이들 대다수는 밤중에 자신들 거처와 가까운 곳에서 볼일을 본다. 비공식 난민촌 "올리브나무 숲 3"에서는 농부 한

명이 고무호스를 연결해 준 덕분에 몇몇 남성들은 찬물로나마 샤워를 할 수 있게 되었다.[18]

제일 고약한 건 겨울이다. 국제 적십자위원회 소속 마틸드 베이벨은 2019년 1월에 『유럽의 문전에서 동사한 장폴을 기리며』라는 제목의 책을 냈다.

이날 밤, 이제 겨우 스물네 살의 장폴은 숨졌다. 그는 카메룬에서 시작된 긴 여정 끝에 유럽의 문전에서, 모리아라고 부르는 추악하기 그지없는 노천 지옥에서 죽었다. 지난해 12월에 장-폴은 미틸레네의 주교를 만났다. 사진 속에서 그는 보라색 성의를 걸친 주교 옆에서 미소 짓고 있다. 그런데 그는 죽었다. 그는 죽었고, 다른 많은 사람들도 죽었고, 앞으로도 수많은 사람들이 죽을 것이다. 얼마나 많은 사람들이 죽어 갈지, 우리 더는 모르는 척하지 말자.

2주 전부터 모리아 난민촌 사람들은 전기 없이 살아가고 있다. 모리아의 남녀노소 난민들은 난방도 되지 않고 불도 들어오지 않는 깜깜한 컨테이너와 텐트 안에서 버티고 있다. 밤이 되어도 아무도 잠을 이루지 못한다. 섬의 매서운 추위가 살을 뚫고 뼛속까지 파고들어 오면서 안으로부터 사람들을 마비시킨다. 기온은 섭씨

1도. 며칠 안에 눈이 올 거라는 예보가 들린다.[19]

2019년 1월, 앰네스티 인터내셔널 소속 조사관들은 모리아를 방문했는데, 현재로는 그것이 그들의 마지막 방문이었다.

- 아무 데나 쌓여 있는 대소변이 들쥐와 생쥐들을 불러 모은다.
- 약이 부족하고 임부와 어린아이들 또는 병자나 외상 환자들을 돌볼 의사가 거의 전무한 상태다.
- 화장실엔 불도 들어오지 않고 빗장도 없다. 때문에 특히 여성들은 밤이면 거기서 구타나 추행을 당하거나 심지어 성폭행을 당하기도 한다.
- 학교가 없어서 많은 아이들이 학업을 이어 갈 수 없다. 학교에 가지 못하는 아이들은 진흙탕에서, 오물 더미에서 논다.
- 많은 사람들이 기아에 허덕인다. 배급되는 식량이 터무니없이 부족하기 때문이다.[20]

이들의 결론은 단호하다. "이처럼 비인간적이고 과밀한 난민촌은 즉각적으로 폐쇄되어야 한다."[21]

인간 섬

쿠르치오 말라파르테(1898~1957년, 이탈리아의 작가, 영화제작자, 종군기자, 외교관 ─ 옮긴이)는 그의 대표작 『카푸트』에서 이탈리아군 대위 정복을 입고 바르샤바 게토를 방문한 일화를 들려준다. 그는 이들 유폐된 사람들에게서 풍겨져 나오는 모욕감과 불안감 앞에서 수치심과 불편함을 느꼈다고 증언한다.[22] 말라파르테가 대면한 끔찍함은 그 자신이 가담해서 그의 손으로 직접 만들어 낸 건 아니었다. 하지만 이탈리아 군인, 즉 나치의 동맹으로서 그는 자신의 의지와는 무관하게 몹쓸 짓에 가담한 공범으로서의 죄책감을 느끼지 않을 수 없었다.

올리브나무 숲의 텐트와 판잣집들 사이를 돌아다니면서 나는 그와 똑같은 심란함에 사로잡혔다. 나 자신이 이처럼 인간성이 상실된 현장의 직접적인 책임자는 아니지만, 유럽인의 한 사람으로서, 아니 이제까지 침묵한 한 인간으로서, 나 역시 이처럼 참혹한 광경을 가능하게 만드는 데 가담했다는 사실은 부인할 수 없다.

태풍

　모리아는 유럽에서 공론의 장에 딱 한 번 등장했는데, 때는 2018년 10월로 태풍 조르바로 인해 에게해에서 높이 10미터가 넘는 초대형 파도가 솟구치던 무렵이었다. 이 태풍은 레스보스섬 난민촌을 초토화했다. 바람이 울부짖고, 하늘은 먹빛이었다. 옛 병영을 개조한 수용소의 철조망 안쪽 유엔난민기구의 대형 텐트들은 속절없이 무너졌고, 컨테이너들은 납작하게 주저앉았으며, 수용소 관리자들의 숙소로 사용되는 건물들은 주춧돌까지 뿌리 뽑혔다. 강풍의 속도는 시간당 200에서 260킬로미터에 이르렀다.

　올리브나무 숲에서는 태풍이 허술하기 그지없는 캠핑용 텐트들을 갈기갈기 찢어 놓았고, 대부분의 판잣집도 맥없이 조각조각 해체되었으며, 그러는 과정에서 판잣집의 지붕 역할을 하던 비닐과 골함석 조각들이 이리저리 날아갔다. 화장실은 범람했고, 매트리스며 침낭, 바닥에 옹기종기 늘어놓았던 얼마 안 되는 부엌살림, 식량 등 모든 것이 형언하기조차 어려운 오물들과 더불어 다 젖어 버렸다.

국경없는의사회 소속 간호사와 의사들은 더러운 물에 흠뻑 젖은 매트리스 위에서 오들오들 떠는 아이들의 사진을 찍었다. 그들은 범람한 화장실에서 흘러나오는 배설물의 강, 잔뜩 겁에 질리고 굶주린 채 태풍이 몰아치는 가운데 따뜻한 한 끼 식사라도 확보하기 위해 반쯤은 절단 난 식량 배급 창구 앞에 줄을 선 난민들의 사진을 찍고 동영상도 촬영했다. 국경없는의사회 책임자들은 그들이 찍은 영상을 인터넷에 올렸다.

혈기왕성한 유엔난민고등판무관 필리포 그란디는 제네바에서 첫 비행기 편으로 아테네로 날아왔다. 도착하자마자 그는 그리스 국방장관 파노스 캄메노스에게 책임을 추궁했다. 모리아가 예전의 병영이었으므로(현재도 그 사실엔 변함이 없다) 그곳의 최고 책임자는 국방장관인 것이다.

세계 각국의 여러 TV 방송국이며 유럽 언론사들이 앞다투어 이 비극을 세상에 알렸다.

아테네에서 긴급하게 소집된 그리스 의회는 모리아에 수용된 난민들의 고통을 해결하기 위한 최초의 공개 토론을 가졌다. 키리아코스 미초타키스는 당시 야당의 대표였는데, 그런 그는 모리아와 그곳의 난민촌을 두고 "국가의 수치"라고 선언했다.

태풍 조르바는 지나갔고, 세계의 다른 지역에서 벌어지고 있는 전쟁이며 각종 고난의 참상을 담은 이미지들이 국경없는의사회가 기록한 레스보스 영상들을 덮어 버렸다. 레스보스섬의 공식적 난민 수용소와 세 개의 비공식적 "올리브나무 숲" 난민촌에서 난민 가족들은 여전히 고통에 시달리고 있다. 유럽 관료주의의 무기력한 인질이 되어 절망 속에서 세계로부터 잊힌 채. 이들은 알렉산더 베르의 표현처럼, "카프카식 악몽"을 살고 있다.[23]

두 가족 이야기

　　우리의 젊고 섬세한 페르시아어 통역 나이엠 모하메드와 함께 나는 언덕 꼭대기에 위치한 한 컨테이너로 다가간다(잔뜩 경계심을 보이는 다섯 명의 그리스 경찰이 적당한 거리를 두고 우리 뒤를 따른다). 아프가니스탄의 헤라트에서 온 난민 가족이 거기 산다. 그 가족은 스물여섯 살 난 임신 8개월의 엄마와 30대로 보이는 겁 많은 아빠, 그리고 네 살짜리 여자아이, 이렇게 세 명이다.

　　방금 전부터 소나기가 쏟아지기 시작했다. 비는 좁다란 오솔길을 단숨에 흙탕물 개천으로 바꾸어 놓는다. 나이엠은 갑작스러운 홍수가 지나갈 때까지만이라도 집 안에 있어도 되느냐고 묻는다. 그들은 우리를 환영한다. 우리는 사실 한쪽도 아닌 반쪽짜리 컨테이너에 들어간 거였다. 무슨 말인가 하면, 유엔난민기구의 직원들이 세계 곳곳에 설치해 주는 전통적인 컨테이너가 이곳에서는 둘로 나뉘어 있다는 뜻이다. 천장에서 바닥으로 드리운 담요 한 장이 컨테이너를 둘로 갈라 두 가족이 각각 반쪽씩 쓰는 것이다.

우리를 맞아준 아프가니스탄 출신 가족이 쓰는 면적은 6제곱미터이다. 나무로 아주 간단하게 짠 2층 침대가 사용 가능한 면적의 3분의 1을 차지한다. 낡은 플라스틱 통을 몇 개 얹어 만든 선반엔 남루한 옷가지들과 신발들이 놓여 있다. 내가 질문하면 나이엠이 통역하고, 나와 동행한 직원들이 그 내용을 기록한다.

아기 엄마는 두려워한다. "우리가 처음에 이란으로 탈출했을 때, 난 아주 힘든 수술을 받았어요. 그런데 여기, 모리아에서는 아무도 우리를 보살펴 주지 않아요. 임신 과정이 순조롭게 진행되는지 어떤지 알 길이 없어요. 우리 아기가 태어날 땐 어떻게 될까요?"

남편이 말을 이어 받는다. "문제는 식량입니다. 배급 창구로 몰려오는 사람들과의 알력이 극심합니다. 때로는 위험할 지경이죠. 잘못하면 밟혀 죽을 수도 있거든요. 어떤 땐 빈손으로 돌아올 때도 있습니다. 그럴 때면 이웃에서 우리에게 남는 걸 조금씩 나눠 주죠."

밖엔 비가 그쳤다. 두 사람의 어린 딸은 진흙탕으로 돌아가 쓰레기 틈에서 논다.

인간 섬

반쪽으로 쪼개진 컨테이너 안에서의 삶은 견디기 어렵다. 가림막 구실을 하는 담요 너머에서 행여 아이가 울기라도 하면(어른도 울 때가 있다), 그 안에 있는 사람들 모두가 잠을 이루지 못한다. 그렇지만 이들 가족에게는 선택지가 없다. 유엔난민기구가 충분한 양의 컨테이너를 제공하지 않았으므로.

이 어설픈 공간에서 콩나물시루처럼 다닥다닥 붙어 사는 걸 더 이상 견딜 수 없는 사람들에겐 한 가지 방법밖에 없다. 올리브나무 숲의 비닐 지붕 판잣집으로 가는 것이다. 하지만 그곳엔 그나마 제대로 된 지붕도 벽도 없다. 비라도 내리면 임시 거처 전체에 홍수가 난다. 겨울은 말해 무엇 하겠는가? 컨테이너 집은 그래도 미약하게나마 추위와 눈으로부터 보호해준다. 마른 나뭇가지와 비닐, 판자 조각으로 지은 집은 눈이 조금만 와도 폭삭 주저앉는다.

세멘 알리자다는 검은 차도르 차림이다. 이제 겨우 서른두 살인데도 치아가 빠진 얼굴은 할머니의 얼굴과 다름없다. 움푹 들어간 두 뺨, 창백한 피부, 거의 움직이지 않는 갈색의 예쁜 두 눈. 세멘 알리자다에게서는 슬픔이, 그리고 그와 동시에 결단력이 풍겨 나온다. 네 명의 아이들(세 살 무스타파, 네 살 아지라, 그리고 열두 살 쌍둥이 아미르와 티무르)은 올리브나무 숲 2의 마른 나뭇가지와 비닐로 얼기설기 엮어 지은 판잣집 주변 진흙탕에서 논다.

나는 세멘을 보면서 연신 감탄한다. 모리아라는 지옥에서 그녀는 지략과 인내심, 강인한 의지로 빵집이라고 할 만한 사업을 일구었다. 영국의 시민단체 세이브 더 칠드런이 그녀에게 밀가루 100킬로그램을 제공했다. 그 밀가루 포대들이 출입문 구실을 하는 비닐 장막 뒤쪽에 차곡차곡 쌓여 있다. 세멘은 가장자리를 돌로 두른 웅덩이 같은 것 앞에 양다리를 벌리고 앉아 있다. 그 웅덩이 밑 쪽에 벌겋게 달아오른 잉걸불이 보인다. 세멘은 거기서 둥근 밀가루 빵을 굽는다. 사람들이 그녀 주변을 말없이 에워싸고 있다. 세멘은 그 빵을 한 개에 50상팀을 받고 판다.

나이엠 모하메드가 페르시아어를 통역한다. 세멘과 그 가족 또한 헤라트에서 왔다. 그녀와 남편은 원래 영어 선생님이었다. 두 사람은 아프가니스탄 서부의 대도시인 헤라트의 한 중학교에서 같이 교편생활을 했다. 남편은 이따금씩 미군 부대를 위해 통역으로 일하기도 했다.

2018년 1월의 어느 날 밤에, 복면 차림의 탈레반들이 두 사람의 집에 몰려와서 남편 머리에 총구를 들이대더니 그대로 방아쇠를 당겼다. 그들은 쌍둥이에게도 위협을 가했다.

그날 밤, 세멘은 아이들을 데리고 무작정 이란 국경 쪽으로 도망쳤다. 나중에 만난 이란의 한 밀무역업자가 이들을 트럭과 도보로 터키까지 데려다주었다.

에게해의 터키 쪽 해안에 도착한 세멘은 또 다른 밀입국 안내인을 만났다. 1000달러를 내고 세멘과 아이들은 고무보트에 탔고, 보트는 밤중에 해협으로 들어섰다. 엔진이 부실한 배였다. 바다는 고삐 풀린 말처럼 미쳐 날뛰었다. 결국 고무보트는 뒤집어지고, 승객 열일곱 명이 물에 빠져 죽었다. 그중엔 세멘의 막내딸 마리암도 있었다. 겨우 두 살이었다.

모리아에서 어디를 바라보건 누구와 말을 하건, 비극과 마주하게 된다. 남녀노소를 불문하고 난민 대다수는 자기 나라에서 겪은 참혹함이나 그 후에 이어진 길고도 고통스러운 여정에서 참아 내야 했던 굴욕과 수치심으로 깊은 상처를 안고 있다.

특히 많은 청년들이 그들의 고향에서나 가로질러 온 나라에서나 고문을 받는다. 이러한 기억은 그들의 몸에 고스란히 새겨져 있다. 이들은 불에 덴 자국이 있는 등, 손톱이 빠져 버린 손가락 같은 것을 자신들이 겪은 고통스러운 체험담의 신뢰도를 높이기 위해, 방문객에게 얼핏 보여 준다.

지옥의 책임자

　돌투성이 모리아 언덕의 가파른 고갯길 절반쯤 되는 곳엔 엄청나게 큰 단체용 텐트 몇 개가 세워져 있다. 나는 거기서 몇몇 가족을 만났다. 야르무크 대학살에서 살아남은 생존자들이었다.

　1957년 시리아 다마스쿠스에서 남쪽으로 7킬로미터 떨어진 곳에 세워진 야르무크엔 2011년까지만 해도 20만 명의 팔레스타인인들(물론 시리아인들과 이라크인들도 이들 가운데 섞여 있었다)이 살았다. 그런데 오늘날 폐허가 되어 버린 야르무크엔 겨우 1만 6000명의 주민만 남았다.

　야르무크는 2017년 풍비박산이 나기 전까지 세계에서 가장 큰 팔레스타인 난민 거주지였다. 사실상 이 거대한 난민촌은 하나의 도시라 해도 손색이 없었다. 반세기가 흐르는 동안, 이 도시는 다마스쿠스의 교외 지역인 하자르 알 아스와드, 타다문, 콰담 등지로 편입되다시피 했던 것이다.

야르무크는 강 이름이다. 그리고 무엇보다도 636년 이 강안에서 당시 막 태동 중이던 동로마제국의 군대와 싸워서 시리아가 이긴 전투의 이름이기도 하다. 이 승리로 비잔틴제국의 시리아 통치는 막을 내렸다. 이 승리야말로 이슬람 세력의 전방위적인 확대의 시발점이 되었던 것이다.

나는 야르무크를 방문한 적이 있다. 골목길의 포석이며 색색의 작은 상점들, 병원, 공원, 순교자들의 이름으로 장식된 학교, 10층 넘는 건물들, 경쾌한 소리를 내며 흐르는 샘물, 소란스럽고 부지런한 그곳의 생활 리듬, 독특한 향을 풍기는 케밥 레스토랑, 어디서나 들려오던 음악 등을 또렷하게 기억한다.

하늘에서 내려다보면 팔레스타인의 임시 행정수도 라말라는 야르무크에서 채 200킬로미터도 안 되는 거리에 있다. 그러나 팔레스타인의 그 어떤 정권도 이 거대한 야르무크 난민촌과 항구적인 관계(권한 행사를 하는 관계든 연대 의식을 확인하는 상징적인 관계든)를 맺는 데 성공하지 못했다.

2011년 3월 시리아 내전 발발 직후 야르무크는 그야말로 십자가 고행길에 들어서게 되었다. 팔레스타인인들은, 절대다수가, 이 참혹한 학살극과는 전혀

무관한, 완전한 이방인이었다. 그러나 이라크-레반트 이슬람국가(마그레브, 유럽, 아시아 지역 출신들이 대거 포진한 이슬람 원리주의자들)의 테러리스트들이 전광석화처럼 이 도시를 침략했다. 2013년에 벌써 바샤르 하페즈 알 아사드의 병사들은 이곳을 포위하고는 식량 봉쇄령을 내렸다. 따라서 유엔팔레스타인난민구호기구[24]는 식량과 약품의 보급을 중단할 수밖에 없었다. 그 결과 이곳에 살던 수만 명의 어린이들과 성인 남녀들이 기아와 전염병으로 목숨을 잃었다.

러시아제 수호이 전투기가 쏘아대는 네이팜탄과 범용 폭탄의 폭격으로 수천 명의 주민들은 살점이 찢어지고 팔다리가 잘려 나갔으며, 도시는 초현실적인 풍경의 폐허로 변해 버리고 말았다.

현재 야르무크에서 살아남은 사람들 중 상당수는 모리아의 철조망 너머에서 유럽연합 망명지원사무소의 관리들이 첫 번째 신문을 위해 그들을 불러 주기만을 1년이고 2년이고 하염없이 기다리고 있다.

이들의 사연을 듣자니 나는 피가 얼어붙는 것 같다.

우리의 아랍어 통역 아메드도 야르무크 출신이다. 그래서인지 우리를 공동 텐트 속으로 들어오도록 허락해 준 두 팔레스타인 난민 가족은 드러나게 그를 신뢰하는 눈치였다. 그들은 절망과 분노가 뒤섞인 복잡한 감정 상태에서도 자유롭게 자신들의 사연을 털어놓는다.

두 가족의 가장 중 한 명은 파리에서 공부한 심장전문의였고, 다른 한 명은 변호사였다. 변호사는 러시아와 시리아의 계속되는 끔찍한 폭격 속에서 세 아이들과 살아남았다. 자식 둘은 잃었다. 두 사람 모두 다자간 기구들과 주권국가의 정부 조직이 기능하는 방식에 대해서는 해박했다. 그들은 이해하고 싶어 했다. 모리아라는 지옥의 책임자는 누구인가?

나로서는 이들에게 아무 대답도 건네 줄 수 없었다.

수용소 사령관인 말 많은 이오아니스 발파카키스는 굳이 돌려 말하려고 애쓸 것도 없이 그리스 정부를 책임자로 지목했다. 난민들을 적절하게 재우고 먹이는 데 필요한 자원 공급을 거부한다는 이유에서였다.

그런가 하면 그리스 이주부 장관과 보건부 장관은 재정적 지원이 따라 주지 않는다면서 유럽연합 쪽으로 비난의 화살을 돌렸다. 브뤼셀의 유럽연합 관료들로 말하자면, 이들은 그리스 행정부의 무기력과 무관심을 탓했다. 그들이 규정에 따른 절차와 형식을 통해서 지원 증가 요청을 하지 않기 때문에 유럽연합으로서는 현장 상황을 제대로 파악하기 어렵다는 식의 발뺌이었다.

유럽연합 집행위원회는 무관심하다는 세간의 비난을 일축한다. 집행위원회에서는 지난 5년 동안 10억 유로가 넘는 지원금을 그리스 당국에 송금해 주었으므로 무심했다는 비난은 억울하다는 것이다. 하지만 부패 의혹이 브뤼셀과 그리스 장관들과의 관계에 독이 되고 있음은 부인할 수 없는 사실이다.

먹을 수 없는 식사

경제적, 사회적, 문화적 권리에 관한 국제 협약[25] 제11조에서 유래하는 적절한 식량에 대한 인간의 권리는 다음과 같이 정의된다.

식량에 대한 권리란 양적으로나 질적으로 적절하고 충분하며, 그것을 소비하는 사람이 속한 민족의 문화 전통에 합당하며, 정신적이고 신체적이며, 개인적이고 집단적인 삶, 불안에서 자유롭고 만족스러우며 존중받는 삶을 보장해 주는 음식을 직접적으로 또는 화폐라는 구매 수단을 통해서 정기적이고 항구적이며 자유롭게 접근할 수 있는 권리를 말한다.

인간의 모든 권리들 가운데 식량에 대한 권리는 확실히 에게해의 핫 스폿에서 제일 자주, 그리고 제일 대대적으로 위반되는 권리이다.

공식적 난민촌 내부에서의 식량 배급은 하루에 두 번씩, 여덟 군데에서 이루어진다. 올리브나무 숲 1, 2, 3에 거처를 마련한 난민들도 거기 가서 배급을 받도록 되어 있다. 옛 병영 내부엔 배급 창구용 막사들이 설치되어 있다.

일반적으로 한 가족의 가장이나 어린 아들이 줄을 선다. 배급을 받기 위해서는 두 시간에서 네 시간 정도 기다려야 한다. 수급자는 가족 단위로 발급된 신분증을 손에 쥐고 있다. 좁다란 배급 창구에 배치된 수용소 직원들은 이 신분증을 확인한 다음 자격이 있는 사람들에게 음식이 담긴 플라스틱 용기를 건넨다. 난민 각자에게는 하루에 1.5리터짜리 플라스틱병에 담긴 생수도 지급된다.

이 배급 창구 앞은 늘 소란스럽다. 자격이 입증된 많은 사람들이 빈손으로 돌아가는 경우도 거의 반복적이라고 할 정도로 잦다. 배급량이 불충분하고, 그나마의 식품도 먹을 수 없는 것일 때가 자주 있다는 것이 난민들의 일치된 의견이다.

난민들의 식사 배급은 전적으로 옛 병영의 책임 부서인 그리스 국방부 소관이다. 다시 말해서 유럽연합에서 수백만 유로의 지원금을 제공받은 이들이 대륙의 민영 식품업체들과 계약을 맺고, 계약을 체결한 민영 업체들이 매일 미틸레네 항구에 음식이 담긴 플라스틱 도시락 용기를 산더미처럼 쌓아 놓으면 그것들이 배편으로 모리아로 운반되는 것이다.

그곳에 체류하는 동안 나는 배식 과정에 십여 차례 참석했다. 그 과정에서 난민 무리가 용기를 열어 쇠고기나 닭고기 혹은 생선 등의 냄새를 맡아 보고는 그 즉시 그것들은 버려 버리고, 곁들여서 나온 쌀이나 감자 같은 것들만 먹는 광경을 네 번 목격했다. 그래서 한번은 직접 확인해 보기로 했다. 난민들이 버린 "찜" 요리에서는 구역질 나는 냄새가 진동했다. 먹을 수 없는 음식을 준 것이었다.

수용소 사령관의 백색 집무실, 육지와 바다의 여러 곳을 보여 주는 각종 지도들로 벽이 도배되었을 뿐, 허름하기 이를 데 없는 그 소박한 방 안의 분위기는 무거웠다. 이오아니스 발파카키스 사령관에게는 거의 연민이 느껴질 정도였다.

"그러니 어쩌란 말입니까? 이곳 모리아엔 58개 국에서 온 난민 가족들이 수용되어 있는데, 이들은 제각기 취향도, 입맛도 다를 뿐 아니라, 음식에 관련한 금기 사항도 다양하기 그지없습니다. 어떻게 그 사람들 모두를 만족시킬 수 있단 말입니까? 그건 불가능합니다!"

그 말을 듣고도 나는 그를 몰아붙인다. "그 점은 얼마든지 이해합니다. 하지만 문제는 식사의 다양성이 아니라 이들에게 제공되는 식사의 질입니다. 그 식사엔 도저히 먹을 수 없는 음식들이 포함되어 있다는 사실이라고요! 저는 난민들이 고기나 생선이 들어 있는 도시락 용기 뚜껑을 열자마자 그 내용물을 수용소 내부의 쓰레기통에 버리는 걸 봤습니다. 그리고 서 또한 그들과 똑같이 그 역한 냄새를 맡았습니다. 바레인에서 온 시아파 교도 가족의 가장에게든, 팔레스타인에서 온 수니파 교도에게든, 바스라의 기독교도에게든 상한 생선은 상한 생선일 뿐입니다. 그걸 먹을 사람이 어떤 문화적 특성을 지닌 집단에 속하느냐의 문제와 아무런 상관이 없다는 말입니다."

낡은 선풍기가 찍찍거린다. 사령관은 말이 없더니, 갑자기 입을 연다. "전근을 요청했습니다. 저는 곧 모리아를 떠나게 될 겁니다."

나는 자리에서 일어나 그와 악수를 한다. 진심으로, 연민을 담아. 그의 입술에서 안도의 한숨이 새어 나오는 걸 얼핏 느낀 것도 같다.

밖엔 다시 비가 내리고 있었다. 모두가, 그리스 공무원들이건 병사건, 경찰이건, 시민단체 행동대원들이건, 유엔 직원들이건, 모두가 핫 스폿에서 자행되고 있는 식량 문제에 대해서 다 알고 있다.

나는 미틸레네에서 유엔난민기구의 지역 사무소를 이끌고 있는 젊고 말수 적은 금발 여성 아스트리드 카스텔레인과 그 문제를 두고 이야기를 나눴다. 그녀는 자신의 임무를 잘 아는 사람이었다. 유엔에서 통용되는 중성적이고 무미건조한 언어를 완벽하게 구사하는 그녀가 이렇게 대답했다. "저도 그 문제에 대해서 떠도는 이야기들을 들었습니다. 하지만 난민 대상 식량 배급은 유엔난민기구와 그리스 정부 사이에 체결된 협약에 의해 우리의 활동에 포함되지 않습니다."

그리스는 고도로 발전된 나라로, 다른 무엇보다도 특히 뛰어난 관광 인프라를 갖추고 있다. 대량 식품 납품 업체들이 날이면 날마다 육지와 섬에 분포되어 있는 수만 개의 호텔과 식당에 고품질의 식사를 배달한다. 그런데 왜 모리아엔 그게 안 되는 걸까? 이 질문에 대해서는 "그리스 일부 군인들의 고질적인 부패 때문"이라는 대답을 제일 자주 듣는다. 핫 스폿에서는 그들이 주인이다. 요컨대 핫 스폿은 국가 안의 국가인 것이다. 그리스 군대는 뼛속까지 반동적인 기구로 과거에도 이미 여러 번씩 헌법에 맞서서 군사 쿠데타를 획책했다. 가장 최근에 집권한 군사 정부는 1967년부터 1974년까지 통치했다. 시리자에 의해 구성된 현재 그리스 정부엔 이들 군인들이 그토록 멸시하던 극좌파 인물들이 포진하고 있다. 치프라스(2019년 중반까지 에게해 핫 스폿 관리 책임자였다)가 이끄는 현 정부는 감히 이들 군사 잔당의 도를 넘어선 위법을 건드리지 못한다.

한편, 유럽연합의 관계 당국 측(특히 회계감사원과 유럽부패방지총국)은 사건을 조사 중이다. 하지만 이들이 그다지 확신을 가지고 일하는 것 같아 보이지 않는 게 사실이고, 게다가 현재까지 제대로 조사하는 데 필요한 모든 정보를 완벽하게 취합한 것 같지도 않다. 무엇보다도 그리스 장군들과 민간 기업들이 체결한 문제의 식사 배급 계약서를 아직 수중에 넣지 못했다는 것이 치명적이다.

연대

1919년 5월부터 1922년 10월까지의 3년 5개월 동안, 제1차 세계 대전의 승자들이 오스만 제국의 해체[26]를 진행하는 사이에 서(西)아나톨리아 지역에서는 그리스 군대와 터키의 케말주의자[27]들이 참혹한 전쟁을 벌였다. 이 전쟁으로 수만 명이 목숨을 잃었으며, 부상을 입거나 신체가 절단된 사람들도 수십만 명에 이른다.

내 친구 스텔리오스 캄나로코스의 외할머니는 스미르나(이즈미르) 대화재(1922년 터키 군대의 스미르나 탈환으로 그리스와의 전쟁이 종식된 직후 일어난 화재로, 그리스에서는 스미르나의 대재앙이라고 한다. — 옮긴이) 때 돌아가셨고, 친할아버지는 터키 군사들에 의해 총살되었다. 1922년, 로잔 협약으로 무력 갈등은 종식되었고, 국경이 새로 결정되었으며, 이것이 곧 현대 터키의 출발점이 되었다. 이후 소아시아 일대, 보스포

루스 해협, 다르다넬스 해협 등지에서 무시무시한 그리스인 추방 작전이 계속되었으며, 그 결과 어린아이들까지 포함하여 약 200만 명의 그리스인들이 살던 집을 빼앗기고 그리스 쪽으로, 그중에서도 특히 트라키아, 마케도니아, 그리고 에게해의 여러 섬들로 쫓겨났다. 레스보스섬의 현 주민들 가운데 약 60퍼센트는 그 당시 소아시아에서 추방당한 그리스 난민들의 후손일 것으로 추정된다.

그러므로 지금 섬 주민 대다수와 그들의 조상들이 겪은 비극("대재앙"이라고 부른다) 사이엔 100년이 채 안 되는 세월이 놓여 있다. 100년이라면 세대가 세 번쯤 바뀌는 시간이니 기억의 관점에서 볼 땐 비교적 짧다면 짧을 수도 있는 시간이다.

추방당해 떠돌이 난민이 된 조상들이 처음으로 발견하게 되는 땅에서 느꼈을 불안과 고통의 기억이 오늘날 레스보스섬에 사는 주민들의 의식 속에 자리하고 있다. 그 기억이 그들의 행동을 낳는다. 그래서일까, 섬 주민들과 모리아 수용소 난민들 사이엔 충돌과 갈등이 끊이지 않는다. 특히, 위에서도 말했다시피 비공식 난민촌이 올리브나무 숲 언저리로 끊임없이 확산되는 과정에서 그와 같은 갈등은 유난히 첨예화된다. 그러나 대부분의 경우 레스보스섬 주민들(사회적 계층이나 지지 정당과 상관없이)은 망명 신청자들에게 호의적인 연대감을 보여 준다.

지역민들이 주도하는 다양한 시도들이 이를 증명한다. 아트 호프 센터Art Hope Center는 미틸레네에서 남쪽으로 아주 조금 떨어진 곳에 문을 열었다. 유럽 전역에서 온 시민단체 회원들이 2017년에 난민들과 합심하여 자율적으로 운영되는 이 센터를 설립했다. 전 세계에서 답지한 기부금 덕분에 커다란 창고 세 곳을 임대했다. 40대의 활력 넘치고 마음 따뜻한 영국 여성 필리파는 20년 전부터 그리스인 남편과 이 섬에 거주하는데, 그녀도 이 센터의 창립 멤버들 가운데 한 명이다. 우리를 맞이하는 필리파는 자부심과 열정을 주변에 발산한다. 바닷가 가까운 곳에 위치한 연습실에서 우리는 난민들로 구성된 아마추어 극단의 리허설을 참관했다. 극단 배우들은 대부분 통행이 자유로운 "올리브나무 숲"에서 온 사람들이다. 연습 중인 작품은, 쉽게 짐작하듯이, 망명 신청자들의 애환, 즉 그들의 일상, 그들이 감내해야 하는 신문, 그리스 관계 당국이 최종 결정을 하기까지 끝없이 기다리는 시간 등을 세상에 알리는 내용이다.

필리파는 실용 정신과 기업가 정신으로 무장한 엄청나게 효율적인 인물이다.

저기, 저 나무 아래를 좀 보십시오. 우리 센터에서 그림을 배우는 화가 지망생들이죠. 저들은 미틸레네에서 활동하는 두 명의 화가에게 수채화를 배우고 있습니다. 그리고 조금 멀리에서는 기타를 치고 있는 중인데, 들리나요? 콩고에서 온 열여덟 살짜리 소년 이스라엘이에요. 저 앤 5년 전 고향 카사이에서 종족 학살이 한창일 때 도망쳤어요. 하룻밤 사이에 온 가족이 살인마들이 휘두른 벌채용 칼에 맞아 다 죽었어요. 저 앤 이곳까지 오는 엄청난 여정까지도 혼자서 다 견뎌 내고 살아남았어요. 지금은 올리브나무 숲 난민촌에서 만난 어린 아프가니스탄 제자에게 기타를 가르치는 중이죠!

필리파는 잠시 말을 멈추고는 멀리서 들려오는 이스라엘의 기타 연주에 귀를 기울인다. 그러더니 파란 눈에 눈물을 글썽이며 다시 입을 연다.

예술은 중요합니다. 저 사람들이 겪은 그 모든 모진 일들과 저들을 호시탐탐 노리는 절망 앞에서, 저 사람들의 영혼은 숨 쉴 곳을 필요로 하죠. 물론 몸의 존엄성도 그에 못지않게 중요하지만요. 영국, 독일, 네덜란드, 프랑스 등지에서 우리에게 위생용품과 의복들로 가득 찬 컨테이너들을 보내 주죠. 거의 대부분 익명의 기부자

인간 섬

들이 보내 주는 겁니다.

필리파는 어느새 환하게 웃는다. "우리가 마주치는 딱 한 가지 문제는, 보내 주는 옷들이 너무 크다는 겁니다. 유럽 사람들은 많이 먹어서 그런지, 난민들보다 너무 뚱뚱해요……."

150명에서 200명가량의 난민들(주로 젊은이들)이 매일 아트 호프 센터를 찾는다.

섬 주민들과 난민들 사이의 끈끈한 유대감을 보여 주는 또 하나의 사례가 있다. 미틸레네의 구도심에 세워진 전통 건물에서 레나와 에프게니아라는 두 그리스 여성은 "난"(난은 밀가루로 만든 아프가니스탄의 전통 빵 이름이다)이라는 식당을 열었다. 난민들은 그 식당에서 레스보스섬 출신 직원들과 함께 일한다.

나는 그 식당에서 아프가니스탄 출신의 한 젊은 아가씨를 만났다. 벌써 4년째 섬에서 오도 가도 못 한 채 붙잡혀 있던 이 아가씨는 석 달 전부터 이 식당에서 요리사로 일한다. 아가씨는 미소가 떠나지 않는 그의 입으로도 말했듯이, "태어나서 처음으로" 거의 행복할 지경이란다. 하피즈는 호리호리한 몸매에 가무잡잡한 피부, 가늘게 정리한 콧수염이 돋보이는 청년으로, 나이는 서른두 살이다. 그도 역시 4년 동안 섬에 붙잡혀 있는 처지다. 파키스탄의 라호르 출신인 하피즈는 그 지역 탈레반들로부터 살해 위협을 받았다. 그의 잘못이라면 이슬람이 신자들에게 명하는 하루 다섯 번의 기도 가운데 어쩌다 한두 번을 빼먹었다는 정도다. 이제는 그도 난 식당의 요리사가 되었다. "저는 우리 식당을 사랑해요. 아주 다양한 요리를 제공하는데, 식당을 찾는 손님들도 아주 다양해요. 뭐랄까, 아주 식구 많은 집 같아요." 우리의 대화를 듣고 있던 레나도 보일 듯 말 듯 고개를 끄덕인다. 레나는 자기 나라 사람들이 퍽이나 자랑스럽다. 충분히 그럴 만하다.

그런데 레스보스섬에서 연대감 조성에 가장 효과적인 단체는 아마도 에게해 레퓨지 서포트Refugee Support Aegean일 것이다. 이 시민단체는 열두어 명의 남녀 변호사들로 이루어졌는데, 모두 레스보스섬에서 태어나고 자란 사람들이다. 나타사 스트라키니는 망명 신청자 보호를 목적으로 하는 이 단체가 유럽 시민 사회에게 빚지고 있는 모든 내용을 기꺼이 공개했다.

나타사에 따르면, 그중에서도 두 인물의 지원이 각별하다고 하는데, 두 명 모두 독일의 강력한 시민 단체를 이끄는 지도자들이다. 먼저 메디코 인터내셔널Medico International의 명망 높은 회장 토마스 게바우어.

그리고 프로 아질의 용기 있는 대표 카를 코프. 이들의 금전적이고 정치적인 지원 덕분에 나타사와 그녀의 동료들은 망명 신청이 기각된 난민들을 아테네의 상급 법원에서 변호할 수 있다. 몇몇 사례에서는 소속 변호사들이 스트라스부르의 유럽 인권 법원에서 승리를 쟁취하기도 했다.

나타사 스트라키니와 디미트리스 출리스를 포함한, 이 단체를 꾸려 가는 열두 명의 변호사는 자신들의 변호사 사무실마저 닫았다. 요컨대, 이들은 난민의 권리를 위한 투쟁에 올인하는 중이다.

레스보스 연대Lesbos Solidarity는 섬 주민들이 결성한 단체이다. 이 단체는 2015년, 해협에서 배가 전복하면서 22명의 난민이 목숨을 잃은 사건을 겪은 후에 첫발을 내딛었다. 사망자 22명 가운데 절반은 어린아이들이었다. 섬 주민들은 이들을 묻어 주기 위해 미틸레네 남쪽 해안에 묘지를 따로 마련했다.

이 단체는 병든 난민, 가족 없는 어린이들을 맞아줄 장소의 건립을 지원하고 있다. 몇몇 막사와 여러 동의 건물(예전에 그리스 어린이들의 여름 캠프장이었던 곳)은 "픽파 캠프"라는 이름을 걸고 200명가량의 난민을 받아들였다. 우거진 소나무 그늘 아래, 짙은 향기를 발산하며 흐드러지게 피어 있는 꽃 무리로 에워싸인 이 공간은 얼핏 보기에도 금세 호감이 간다. 나는 그곳에서 두 눈에 에너지와 선의가 가득한 한 중년 여성을 만났다. 우테 귀봅은 베를린에서 교인을 돌보는 목사로, 휴가 때면 레스보스 픽파 캠프의 난민들을 찾아와 독일 교구 신자들이 모아 준 의류며 위생용품 등의 기부 물품을 전해 준다.

모사이크Mosaik Support Center for Refugees and Locals는 레스보스 연대가 건립하고 운영하는 또 하나의 공간으로 난민과 주민을 연결하는 대들보 역할을 톡톡히 해내고 있다.

앞에서 소개한 난 식당의 공동창립자 레나 알티노글루는 레스보스 연대에서도 제일 열성적으로 일하는 행동대원이다. 그리스인들과 난민들이 함께 운영하는 그녀의 식당에서는, 걸어서 두 시간 거리에 있는 비공식 난민촌 올리브나무 숲에 체류 중인 사람들과 미틸레네 주민들이 만나서 이야기를 나눈다. 이들 사이에 대화가 오갈 수 있는 건 대체로 자발적인 통역들 덕분이다. 레나는 말한다. "그 사람들이 만나서 대화를 한다고요, 아시겠어요? 이건 값을 매길 수도 없을 정도로 소중한 거죠. 그런 순간이면 난민들은 자신들도 인간으로서 인정받고 있다고 느끼니까요. 그 사람들은 다만 몇 시간이지만 그동안만이라도 늘 마음을 옥죄는 불안과 심각한 트라우마를 잊을 수 있어요."

난 식당의 자그마한 목재 테이블과 의자들이 놓여 있는 구도심의 좁은 골목길 위 하늘에서 무수히 많은 별들이 반짝인다. 저녁 공기가 훈훈하다.

레나 알티노글루는 레스보스섬에서 태어나고 자란 토박이는 아니지만, 그곳 고등학교에서 수십 년 동안 영어를 가르쳤다. 은퇴할 나이가 되었을 때, 그녀는 육지로 돌아가지 않았다. 왜 그랬냐고 내가 묻자 그녀가 "난민들 때문"이라고 대답한다.

나는 레스보스섬 주민들이 박해에 찌든 난민들을 향해 보여 주는 연대감이나 호의, 연민 등의 감동 충만한 사례라면 얼마든지 열거할 수 있다. 사모스섬, 키오스섬, 레로스섬, 코스섬 주민들도 다수의 증언에 따르면 이들과 다르지 않다.

섬 출신 그리스인과 결혼한 젊은 여성 파비올라는 국가 공인 자격증을 소지한 안마사다. 그녀는 정기적으로 올리브나무 숲 난민촌을 찾아가 부상당하거나 마비 증세를 보이는 난민들에게 무료로 마사지를 제공해 이들의 통증을 줄여 준다. 하루는 임시 거처 맨바닥에 펼쳐 놓은 돗자리 한구석에서 아파서 데

굴데굴 구르는 가느다란 콧수염의 젊은 청년을 발견했다. 스물다섯 살, 아프가니스탄 출신의 소랍 시즈라드였다. 카불에서 그는 한 민간 회사 소속 트럭 운전기사로 일했는데, 어느 날 아침 사람들이 운집한 도로 위에서 탈레반들이 바주카포로 그의 트럭을 공격했다. 소랍은 이 공격에서 기적적으로 살아남았다. 하지만 한쪽 다리를 심하게 다쳤다. 그는 극심한 통증에도 불구하고 죽을 힘을 다해 핫 스폿까지 왔다.

파비올라는 모리아의 보건 책임자인 유일한 군의관에게 호소했으나 소용없었다. 그래서 미틸레네 병원 응급실 의사들을 움직여 보려 했으나, 이번에도 실패였다. 의사들이 부상자를 진찰하긴 했으나, 소랍의 다리 속에 박혀 있는 금속 파편들을 제거하기 위해서는 외과 전문의의 협조가 반드시 필요했다. 그런데 그 병원에 외과 의사라고는 한 명도 없었던 것이다.

하지만 그렇다고 쉽사리 포기할 파비올라가 아니었다. 그녀에게는 마틸드라고 하는 스위스 친구가 있었는데 마침 국제적십자위원회 지부에서 일했다. 두 친구는 아테네에서 활동하는 정형외과 의사와 연락이 닿아, 그로부터 소랍의 일시 여행 허가증을 발급받았다. 정형외과 의사는 그를 수술해 주기로 동의했다. 문제는 4000유로라는 비용이었다. 파비올라와 마

인간 섬

틸드는 유럽에 거주하는 친구들의 명단을 작성해서 열심히 연락한 끝에 수술 비용을 마련했다.

이 책을 쓰고 있는 지금, 나의 아내 에리카에게 마틸드가 보낸 메시지가 막 도착했다.[28] 수술은 성공했고, 따라서 소랍의 다친 다리는 절단을 면했다. 4개월 동안의 회복 기간(이 또한 기부금 덕분에 가능하다)이 끝나면 소랍은 다시 모리아로 돌아가야 한다.

마지막으로 훈훈한 연대 의식의 사례를 하나만 더 들겠다. 에게해 레퓨지 서포트를 설립한 남녀 변호사들은 후마마(가명)라는 시리아 청년의 서류를 검토했다. 수천의 다른 서류들의 전형이라 할 만한 사례였다.

후마마의 말을 들어보자. "나한테는 전쟁 전 기억이라고는 아주 조금밖에 없습니다. 홈스에 있던 학교만 기억나는데, 그 학교는 전쟁이 터지자마자 학교로서의 역할을 멈춰 버렸죠." 그때 후마마는 열세 살 어린아이였다. 아이는 거의 매일 폭격과 살해, 바샤르 알 아사드의 비밀 요원들의 손에 체포되는 이웃들을 보면서 자랐다.

그러던 중 그의 삶에 특별히 기억될 만한 사건이 터졌다.

2017년 3월 어느 날 아침이었습니다. 이웃 사람들이 우리 집에 오더니 우리 조부모님이 돌아가셨다고 하더라고요. 할아버지는 새벽에 모스크에 기도드리러 가기 위해 일찍 일어나셨는데, 정부군의 엘리트 사수가 가까운 지붕에 숨어 있다가 할아버지 머리에 총을 쏴서 돌아가시게 했대요. 총소리에 놀란 할머니는 거리로 달려 나갔죠. 사수는 할머니마저 사살했어요. 오랜 시간 동안 두 분의 시신은 길거리에 나란히 놓여 있었대요. 무서워서 아무도 가까이 갈 수가 없었을 테니까요. 나중에 이웃들이 두 분 시신을 우리 집으로 모셔 왔습니다.

이제 막 청소년기에 접어든 후마마는 한 용병 집단에게 붙잡혀 연락원으로, 짐꾼으로 일해야 했다. 그 용병 집단의 정체에 대해서는 기억이 나지 않는다고 후마마는 말한다.

건설업에 종사하던 그의 아버지는 당시 부인을 여의고 아들과 사는 상태였는데, 심근경색을 겪은 터라 건강 상태가 좋지 않았다. 그러다가 2016년 9월, 두 사람이 살던 집이 러시아군의 폭격으로 파괴되었다. 다행히 그 순간 집은 비어 있었으므로 사망자는 없었다. 그런 일을 겪은 후 이듬해, 후마마와 그의 병든 아버지는 탈출을 결심했다.

아홉 달 동안 여러 밀입국 안내인의 도움으로 두 사람은 시리아와 터키 사이의 국경을 넘으려고 시도했다. 그러느라 세 번이나 터키 국경 경비대의 총격에 목숨을 잃을 뻔했다. 고생 끝에 마침내 터키 영토에 들어섰지만, 터키 땅을 밟은 지 얼마 되지 않아 곧 체포되어 구치소에 감금되었다.

후마마의 파란만장한 사연은 계속된다.

우리를 모욕하기 위해 터키 경찰은 우리에게 맨손으로 경찰서 화장실을 청소하라고 했습니다. 아버지가 그 명령을 못 따르겠다고 거부하자 경찰은 전기 곤봉으로 아버지를 때렸어요. 경찰서에 있는 내내, 그러니까 강제로 일을 하는 동안만 빼고요. 우리는 전선으로 손목이 묶인 상태였죠. 우리와 똑같은 방식으로 묶여 있는 어린아이들도 봤습니다.

결국 보석금을 내고 후마마와 그의 아버지는 터키 경찰서에 구금된 지 석 달 만에 풀려났다. 두 사람은 이즈미르로 향했다. 수중에 마지막 남은 돈으로 레스보스행 고무보트에 두 자리를 얻었다.

모리아에서 유럽연합 망명지원사무소 소속 폴란드, 불가리아, 벨기에, 스웨덴, 오스트리아 관리들이 후마마와 그의 아버지가 터키 경찰로부터 받은 박해(그 흔적이 손목과 등, 다리에 고스란히 남아 있었다)가 "신빙성 있다"고 판단했다. 반면, 유럽연합 관리들은 두 부자가 시리아에서 겪은, 탈출의 직접적인 동기가 된 참상에는 별다른 관심을 보이지 않았다. 이들 유럽연합 관리들, 그리고 그 뒤를 이어 레스보스지방망명청의 그리스 관리들은 따라서 후마마의 망명 신청을 거부했다. 때문에 후마마는 체포되어 모리아 수용소 내부에 위치한 중죄인 수감소에 갇혔다. 그곳은 강제추방되어 터키로 송환될 난민들을 붙잡아 두는 곳이다.

후마마는 거의 전적인 고립 상태에서 4개월을 보냈다.

유럽연합 망명지원사무소의 내부 지침에 따라, 후마마 아버지의 서류는 아들의 서류와 분리되어 따로 심사를 받았다. 이 어이없는 방식 때문에 가족들이 헤어지게 되는 결과가 자주 발생하는데, 가령 한 가족 가운데 더러는 망명 신청을 하도록 허가가 나오고, 더러는 즉시 추방 명령을 받는 식인 것이다.

후마마의 경우만 특정해 놓고 볼 때, 아버지에게

도 아들과 마찬가지로 망명 신청 허가가 나오지 않았으나, 유럽연합 망명지원사무소는 아버지의 경우 즉각적인 추방 명령 집행은 연기했다. 때문에 아버지는 아들처럼 "감옥 중의 감옥"이라는 곳에 즉시 수감되지는 않았으며, 의료진에게 건강 검사를 받았다. 2018년 12월, 유럽연합 망명지원사무소는 그가 "허약한 상태"임을 인정하여 망명 신청을 하도록 허가했다. 반면 아들 후마마는, 고립된 수감 생활이 길어지면서 심리적, 정신적 상태가 날로 악화되어 가고 있다.

후마마의 힘든 상황을 전해 들은 에게해 레퓨지서포트 소속 변호사들은 대동단결하여 이 어린 청소년에게 가해진 비인간적인 처사를 고발했다. 그리스 당국은 결국 후마마를 육지의 정신병원으로 이송하여 "구속 상태"에서 치료를 받도록 명령했다.

내가 이 책을 쓰고 있는 현재, 후마마와 그의 아버지의 운명은 여전히 불확실하다.

위태로운 망명권

세실 뒤쿠르티외는 5년 동안 ≪르 몽드≫지의 뛰어난 브뤼셀 특파원으로 활약했다. 런던 특파원으로 발령받아 벨기에를 떠나면서 그녀는 ≪르 몽드≫ 편집국 동료들로부터 브뤼셀에서 일하면서 제일 기억에 남는 순간이 언제였냐는 질문을 받았다.[29] 이 질문에 대한 세실의 답변을 소개한다.

정상회담은 전날(2016년 3월 18일) 시작되었다. 모든 건 새벽 두 시에서 일곱 시 사이에 결판이 날 터였다. 회담에 참석한 28개국 대표들은 이주민들이 몰려드는 발칸반도 쪽으로의 도로를 막기로 터키 당국과 막 합의를 보았다. 기자 회견(3월 19일 새벽)에서, 터키의 아흐메트 다부토글루 총리는 좌중을 긴장시키는 거센 발언으로 분위기를 한층 더 불안하게 몰아갔다. 그로부터 3년이 지났다. 그런데 나는 그날 밤의 스트레스를 지금도 또렷하게 기억한다. 전혀 영광스럽지 않은 순간, 유럽연합이 도덕적 패배를 맞는 순간을 살고 있다는 치욕감……

2016년 3월 18일에서 19일로 넘어가는 그 밤에 미래적인 인테리어에 창백한 조명으로 마무리된 유럽연합 사령탑의 거대한 회의실 안에서는 정확하게 무슨 일이 있었던 걸까? 독일에서는 앙겔라 메르켈이 주도한 관용적인 난민 정책(150만 명 이상의 난민 수용)이 실패로 끝났다. 여러 주에서 '독일을 위한 대안Alternative für Deutschland:AfD'이라는 당명을 내건 인종차별적이고 외국인 배척적인 극우 정당이 선거에서 괄목할 만한 진전을 보였다. 네덜란드 총리의 지원 사격을 받은 메르켈은 비밀리에 동의안을 준비했고, 이는 브뤼셀에 모인 다른 나라 대표단들의 허를 찔렀다.

이 동의안을 명분 삼아 터키는 국경 경비를 강화할 것이며, 그리스로부터 거절당한 모든 망명 신청자들을 가차 없이 체포할 터였다. 그리고 그에 대한 보상으로 터키는 2018년까지 60억 유로를 지원받을 참이었다. 동의안엔 유럽연합은 망명 신청자 한 명을 터키로 보낼 때마다 합법적으로 터키 땅에 들어와 있는 시리아 난민 한 명을 역내에 수용한다는 조건도 포함되어 있었다. 터키의 유럽연합 가입 협상도 재개할 예정이었다. 뿐만 아니라, 터키 국민이 유럽 비자를 얻을 수 있는 요건도 완화하는 방향으로 수정하기로 합의했다.

독일 총리 측에 의해 거의 강제적으로 통과되다시피 한 이 동의안은 국제 시민 사회, 특히 유럽 내부에서 격렬한 거부 움직임을 야기했다. 시민단체 프로아질은 이 동의안을 가리켜 "완전히 미친 짓"이라고 비난했다. 이 안이 체결되기 전까지 모리아에서 병원을 운영하던 국경없는의사회 측은 시리아 난민을 제외한 모든 망명 신청자가 동의안에서 제외되었다는 사실에 대한 항의의 표시로 모리아 수용소에서 나와, 수용소 담 외부, 올리브나무 숲 언덕 아래쪽에 간호사가 상주하는 양호실을 열었다.

분노의 물결은 프랑스에서 특히 격렬했다. 하지만 2016년 3월 18~19일에 열린 유럽연합 정상회담에 참석한 프랑수아 올랑드 프랑스 대통령은 수동적으로 앙겔라 메르켈의 결정을 받아들였을 뿐, 아무런 의견도 피력하지 않았다.

≪리베라시옹≫지의 장 카트르메르는 신문 네쪽을 할애하여 이 동의안의 발생에서 체결에 이르기까지의 전 과정을 상세하게 분석하는 기사를 게재했

다. 그의 결론은 한 치의 유보도 없었다. "28개 참가국은 망명권 퇴출에 동의했다."[30] 같은 신문 사설에서 로랑 조프랭은 이렇게 썼다. "중동 난민 문제라는 난제 앞에서 프랑스가 보인 침묵은 참으로 이해할 수 없다. …… 인권의 조국이라는 프랑스가, 준엄한 국제 협약들에 의해 보장된 망명권의 내용 거의 전부가 빠져 버린 것이 아닌가 하고 많은 사람들이 의심하는 동의안을 독일 수상이 단독으로 마련하도록 내버려 두고는, 아무 일도 없다는 듯 입을 다문 채 없는 듯이 납작 엎드려만 있다니."[31]

유럽연합과 터키의 약속은 얼마 지나지 않아 실패로 판명되었다.

난민들은, 비록 2016년도에 비해 숫자상으로는 줄어들었다고 하지만, 그럼에도 계속해서 에게해의 섬들로 꾸역꾸역 몰려들었다. 한 예로, 2019년 8월 30일의 경우, 그날 단 하루에 12개 국적의 난민 502명(이 중 183명은 아동)이 레스보스섬의 해안에 발을 디뎠다. 에르도안 대통령 체제의 권위주의적 일탈로 인하여 터키 출신들에 대한 유럽 비자 발급 요건이 유의미하게 개선되지 않았고, 터키의 유럽연합 가입 협상은 여전히 제자리걸음 중이다. 한편, 유럽연합 측이 앙카라 정부에 제공한 60억 유로는 본래 목적인 터키 측의 시리아 난민을 비롯한 난민 전반에 대한 처우 개선이 아니라 시리아와 터키의 북서쪽 국경에 장장 750킬로미터짜리 장벽을 쌓는 데 투입되었다.

결국 동의안의 첫 번째 결과는 핫 스폿 체류 난민 수의 증가였다.

그러나 메르켈과 에르도안 양자 사이의 동의에 따른 제일 위험한 결과들 가운데 하나는 핫 스폿 내부에서, 내가 이전에도 언급한 유럽연합 망명지원사무소라는 인지도 낮은 유럽연합 기관이 급격하게 부상하고 있는 점이라고 할 수 있다.

다시 한번 정리해 보자.

유럽연합 망명지원사무소는 2010년에 설립되었으며, 몰타에 본부를 두고 있다. 유럽연합 28개국에서 파견한 관리들로 꾸려 나간다. 망명 신청 처리를 가속화하기 위해 각 나라의 관계 당국을 보조하는 것이 유럽연합 망명지원사무소의 임무다. 하지만 실제로는 보조 역할에 머물러야 할 유럽연합 망명지원사무소의 관리들이 거의 막강한 권력을 쥐고 흔든다. 망명 신청자들의 최초 신문을 진행하고 그 서류를 작성하는 일선 책임자들도 그들이다.

서류상으로, 유럽연합 망명지원사무소는 그리스 주권(이탈리아 주권도 마찬가지)을 존중한다. 망명 신청과 관련하여 최종 판결을 내리는 건 그들이 아니라는 뜻이다. 이 역량은 어디까지나 전적으로 그리스 지방 망명청과 아테네 항소법원, 그리스 대법원의 열두 판사들에게 속한다. 하지만 서류를 작성하는 건 유럽연합 망명지원사무소이다. 그리스 관계 당국은 망명 신청자들과 직접적인 대면 접촉이라고는 하지 않는다 (아주 드문 경우를 제외하면).

　　많은 단체에서 나서서 유럽연합 망명지원사무소의 활동에 비판의 목소리를 높였다. 베를린에 세워진 유럽헌법과인권센터European Center for Constitutional and Human Rights : ECCHR는 국제적으로 권위 있는 법조계 인사들을 회원으로 두고 있는 시민단체다. 2017년, 유럽헌법과인권센터는 유럽연합 망명지원사무소에 의해 자행된 불법 행위가 적힌 고발장을 옴부즈우먼ombudswoman 에밀리 오레일리, 그러니까 유럽연합의 대리인에게 제출했다. 이들 베를린 법률가들은 특별히 매우 상세하고 증거가 풍부한 두 지점에 집중했다. 첫 번째는 몰타, 프랑스, 벨기에, 불가리아, 스웨덴 등에 소속된 유럽연합 망명지원사무소 관리들이 망명 신청자들을 신문하는 데 평균 15분 정도의 시간만 할애한다는 점이었다. 대다수 망명 신청자들이 겪은 비극적인 체험담을 주의 깊게 듣고 이를 제대로 문서화하여 관계 기관에 충분히 납득시키려면 그보다 훨씬 긴 시간이 필요하다. 여기에 더해서 베를린 법률가들은 유럽연합 망명지원사무소가 고용한 통역들의 전문적인 자질이 자주 기대에 미치지 못한다는 점도 지적했다. 경비를 아끼기 위해서 망명지원사무소가 전문 통역사들 대신 난민 가운데에서 통역을 뽑아 쓰는 일이 잦은 건 사실이다.

두 번째로는 최초의 면담 날짜가 잡히기까지 지나치게 오래 기다려야 한다는 사실을 고발했다. 나만 해도 벌써 2년째 최초의 면담을 기다리고 있다는 가족을 여럿 만났다. 더구나 이 대기 상태는, 내가 위에서 묘사했듯이, 위생이며 영양 관련 제반 조건이 끔찍할 정도로 열악한 상황에서 지속된다.

내가 앞서 언급한 바 있는, 파리에서 공부했다는 야르무크의 의사는 2019년 2월에 가족과 함께 모리아에 도착했다. 그러나 그의 첫 신문 날짜는 2020년 6월로 잡혔다. 베를린 법률가들에 따르면 이처럼 지나치게 긴 대기 기간은 재판 거부에 버금간다.

베를린 법률가들의 고발장은 2017년에 브뤼셀에 접수되었고, 이들은 2019년 4월에 신문 절차에 "심각한 결함"이 있음을 인정한다는 답변을 받았다. 그럼에도, 유럽연합의 대리인 에밀리 오레일리 여사는 유

인간 섬

럽연합 측에서는 그 어떤 조사단도 파견하지 않을 것이며, 문제의 해결책은 그리스 관계 당국이 찾아내야 한다고 설명했다.

2018년 6월, 유럽의회의 녹색당 의원단은 핫 스팟과 관련하여, 특히 레스보스섬, 사모스섬, 키오스섬, 레로스섬, 코스섬을 관장하는 유럽연합 망명지원사무소의 활동 방식에 대한 상세한 보고서를 발간했다. 이요타 마수리두, 에비 키프리오티. 이렇게 두 사람이 보고서의 저자로 이름을 올렸다.[32] 이들은 다섯 개의 핫 스팟에서 처리된 40건의 망명 신청 서류를 꼼꼼하게 검토했다.

그 결과, 그중 30건이 왜곡된 절차로 인해 망명 신청서를 접수하는 가장 기본적인 권리마저 유린당한 경우였던 것으로 판단되었다. 유럽연합 망명지원사무소의 관리들이 절차 왜곡의 책임자라는 것도 밝혀냈다. 하지만 녹색당 의원들은 문제의 뿌리가 이보다 훨씬 깊다고 진단했다. 이들은 망명과 관련하여 주권국가들 각각은 절대로 유럽연합 기구에 심사 역량을 위임해서는 안 된다는 주장을 폈다. 망명 신청 절차의 각 과정에서 신청인의 권리가 존중되는지 관리·감독하는 재량은 전적으로 각 나라의 관계 당국이 독자적으로 가져야 한다는 것이다. 뿐만 아니라, 거의 모든 시민단체들(앰네스티 인터내셔널, 프로 아질, 메디코 인터내셔널, 휴먼 라이츠 워치 등)과 마찬가지로, 이들 녹색당 의원들도 터키를 "안전한 나라" 또는 1차 망명국으로 인정하기를 거부했다. 즉 망명 신청자들 가운데 그 어느 누구도 그 나라로 송환되어서는 안 된다는 것이었다.

2019년, 터키는 360만 명의 시리아 난민을 받아들였다. 하지만 이는 난민들에게 엄밀한 의미에서의 망명을 허용했다기보다 일시적인 보호 체제를 발동시킨 것뿐이었다.[33] 터키는 정기적으로 이들 난민들을 시리아로 되돌려 보낸다. 게다가 앞에서도 말했듯이 터키는, 자동 발사 기관총이 설치된 750킬로미터짜리 장벽을 쌓아 자국 영토로의 접근을 막고 있다. 2018년에 유엔인권고등판무관으로 새로이 임명된 미셸 바슐레에 따르면, 터키의 에르도안 정부에서는 인권이 "만족할 정도로" 잘 보호되고 있지는 않다고 한다.[34] 에둘러 말하자면 그렇다는 것이다.

아이들

유엔은 기념일 챙기기를 유난히 좋아한다. 2019년은 아동 인권 관련 협약에 서명한 지 30주년이 되는 해이다. 이 때문에 제네바의 레만 호숫가 팔레윌슨 유엔인권이사회 본부에서는 거창한 기념식이 예정되었다. 이 자축 기념식은 이를테면 유엔이 자신의 무력함을 포장하는 하나의 방식이었다. 아동의 권리(아동은 열여덟 살 미만의 인간이라고 정의된다)에 대한 특별히 엄중한 보호를 명문화한 이 협약은 반드시 지킬 가치가 있는 문명의 성과이다.

미국을 제외한 전 세계의 거의 모든 국가가 이 협약에 서명하고 비준을 받았다. 미국의 일부 주에서는 현재까지 열여덟 살 미만의 아동에게도 사형을 허락하는 법이 시행 중이기 때문에 워싱턴 연방 정부는 이 협약에 가입하지 못했다.

세계 각국의 전문가 열여덟 명이 이 협약의 운영

을 관리·감독한다. 협약에 가입한 각 국가는 5년마다 자국에서 아동들의 권리 증진을 위해 시행한 정책에 관한 보고서를 제출할 의무가 있다. 여러 해 동안 스위스 발레주의 미성년 담당 판사인 장 제르마텐을 의장으로 하는 관리위원회가 협약 관련 업무를 시행하면서, 뛰어난 성과를 냈다. 협약의 전문과 주요 항목들을 간략하게 소개해 보겠다.

이 협약에 가입한 국가들은,

......

아동은 조화로운 인격체로 성숙해지기 위해 행복과 사랑, 이해심이 충만한 분위기에서 자라나야 함을 인정하고,

아동이 사회에서 한 개인으로서의 삶을 영위할 수 있도록 준비시키고, 유엔 헌장에서 선언하는 이상향의 정신, 그중에서도 특히 평화와 존엄성, 관용, 자유, 평등, 연대 의식 등에 맞춰 아동을 기르는 것이 중요함을 고려하며,

......

아동의 권리 선언에서 표방하고 있듯이, "아동은 신체적, 지적 미성숙 때문에 출생 전이나 출생 후에 지속적으로 특별한 보호, 특별한 보살핌, 특히 적절한 법적 보

호가 필요하다"는 점을 염두에 두고,

······

아래에 나오는 내용에 합의한다.

제1조

이 협약이 지니는 의미에 입각하여, 아동이라고 함은 열여덟 살 미만의 모든 인간을 가리키는데, 당사자 아동에게 적용되는 국내법이 이보다 어린 나이에 성년에 도달한다고 규정하였을 경우는 예외다.

제2조

1. 협약 체결국은 이 협약에서 언급된 권리를 존중하고, 이를 자국법의 적용을 받는 모든 아동에게 아무런 차별 없이, 아동이나 부모 또는 법적 대리인의 인종, 피부색, 성별, 언어, 종교, 정치와 그 외 다른 견해, 국적, 종족, 사회적 신분, 경제 사정, 개인의 역량, 출생을 비롯한 다른 모든 상황 등과 상관없이 보장한다.

······

제3조

1. 아동과 관계되는 모든 결정을 내림에 있어서, 그 결정이 공공 기관에 속한 것이든 민간 사회 보호 기관에

속한 것이든, 법원, 행정 기관 또는 입법 기관에서는 아동의 이익을 최우선으로 고려해야 한다.

2. 협약 체결국은 아동의 부모나 후견인 또는 그의 법적 책임자의 권리와 의무를 고려하는 가운데, 아동의 복지를 위해 필요한 보호와 보살핌을 아동에게 보장하기로 동의한다. 협약 체결국은 또한 이를 달성하기 위해 적절한 입법적, 행정적 조치를 취한다.

3. 협약 체결국은 아동을 전담하며 아동의 보호를 보장해야 하는 모든 공공 기관 — 여기에는 이들 기관의 업무와 조직이 모두 포함된다 — 의 활동이 관계 당국에 의해 정해진 기준에 합당하도록 관리·감독해야 하며, 특히 안전과 건강, 그리고 이러한 업무를 담당하는 인력의 적정 숫자와 이들이 갖추어야 할 역량 면에서 한층 더 주의를 기울여야 하며, 적절한 관리·감독이 이루어지고 있는지도 살펴야 한다.

제4조

협약 체결국은 이 협약에서 인정하는 모든 권리가 실제로 작동할 수 있도록 입법, 행정 면에서는 물론 다른 모든 면에서 필요한 조치를 취해야 한다. 경제, 사회, 문화적 권리의 경우, 협약 체결국은 각국이 가진 자원이 허락하는 한에서 모든 조치를 취하며, 필요하다면 국제 협력이라는 틀 안에서 이러한 조치를 취할 수도 있다.

......

제22조

1. 협약 체결국은 난민 지위를 얻으려 하거나 해당 국내법 또는 국제법이 정한 규정과 절차에 따라 난민으로 간주되는 아동을 위해 적절한 조치를 취하며, 아동이 혼자이건 아버지와 어머니 또는 다른 누군가와 동행이건 아동이 원하는 보호와 인도주의적 도움을 받을 수 있도록 주선함으로써 이 협약을 비롯하여 이 협약 체결국이 가입한 인권 관련 또는 인도주의 성격의 다른 국제기구들이 인정하는 권리를 아동이 향유할 수 있도록 해야 한다.

2. 그러기 위해서 협약 체결국은, 필요하다고 판단될 경우, 유엔이며 다른 국제적 정부 단체 또는 비정부 단체들이 위험한 상황에 처한 아동을 보호하고 돕고, 난민 아동이 가족과 재결합하는 데 필요한 정보를 얻고자 아동의 부모를 찾기 위해 기울이는 모든 노력에 협조한다. 아동의 아버지나 어머니, 그 외에 다른 가족 구성원을 찾아내지 못할 경우, 아동은, 이 협약에서 언급된 원칙에 따라, 이유야 어찌 되었든 일시적으로 혹은

결정적으로 가족을 모두 잃은 아동들에게 제공되는 동일한 보호를 받아 마땅하다.

2019년 현재, 에게해의 다섯 군데 핫 스폿에 발이 묶여 있는 난민들 가운데 35퍼센트 이상이 아동들이다.

공식적인 수용소에 있건 비공식적인 텐트촌에 있건, 난민 아이들은 교육이나 이른바 "어린이 고유의 활동"을 전혀 하지 못하고 있다. 유엔난민기구는 이 점에 대해 다음과 같이 말한다.

아동들에게는 적절한 식수와 충분한 음식, 학교, 놀이 시간 등이 모두 결핍되어 있다. 그 아이들은 성인들, 특히 경비대원들에 인한 성 학대를 비롯한 여러 폭력에 노출되어 있다. 우리가 대화를 나눠 본 아이들은 불안에 시달리며, 고립되어 있고, 허약하다. 이 아이들은 다치기 쉬운 약한 존재로 간주되는 것이 아니라 마치 죄수 같은 취급을 받는다고 느끼며, 때로는 심지어 중범죄인 취급도 받는다. 이러한 수용소들에 대한 정보의 부재로 말미암아 아동들은 심각한 트라우마를 겪는다.[35]

그보다 조금 아래쪽으로 계속 읽어 가다 보면 이런 대목도 나온다.

이 아이들 대다수가 겪는 심각한 트라우마는 아이들의 정신 건강과 발달에 중대한 위험 요소로 작용한다. 우리가 만나 본 아이들은 섬에 도착한 이후 단 한 번도 심리적인 도움을 받아 본 적이 없다고 말했다.[36]

유엔난민기구 특사들은 "유럽이 이 어린이들에 대해서 중대한 법규 위반을 자행하고 있다"고 결론지었다.[37]

그중에서도 동반 보호자 없는 미성년자들의 사례야말로 가장 비극적이라고 할 수 있을 것이다.

그 아이들은 어디에서 왔을까?

러시아 수호이 전투기들의 끔찍한 폭격, 네이팜탄, 시리아 전투기의 범용 폭탄 세례, 사린 가스를 내뿜는 바샤르 알 아사드 군대의 수류탄은 지금껏 수천 명을 목숨을 빼앗고 부상을 입혔으며, 앞으로도 계속 그럴 것이다. 수십만 가구가 말살당했다. 미성년 고아들은 겁에 질려 탈출한다. 혼자 또는 마찬가지로 고아가 된 다른 아이들과 함께.

모리아에서 만난 많은 사람들(시리아인, 이라크인, 아프가니스탄인, 이란인 등 다양한 국적의 사람들)이 너무도 참혹한 이야기들을 내게 들려주었다. 대부분의 사람들에게 탈출은 고문, 착취, 약탈, 군인·세관·경찰·도주 과정에서 통과하게 되는 나라의 범죄 조직 등에 의한 비인간적인 환경에서의 임의 구금 등으로 점철된 가시밭길의 연속이었다. 그리고 그 길 끝에 놓인 마지막 관문이 에게해 횡단인 것이다. 에게해는 바람의 방향과 세기, 계절에 따라 해상 조난이 잦은 곳이다. 이 고행은 때로는 2년에서 3년까지도 계속된다. 경우에 따라서는 바다에서의 조난으로 온 가족이 몰살하기도 한다. 천신만고 끝에 육지에 도착했다고 해서 꽃길이 열리는 것도 아니다. 경찰의 개입으로 한 가족이 느닷없이 이산가족이 되기도 한다. 졸지에 어린아이가 의지할 사람 없이 혈혈단신 혼자가 되는 것이다. 아이는 사실상 부모와 헤어지게 되고 만다. 한번 이렇게 되고 나면 그 아이가 부모를 되찾을 가능성은 거의 없다. 동반 보호자 없는 아동의 수는 에게해의 다섯 개 핫 스폿에서 꾸준히 증가 추세를 보이고 있다.

파트리스 만수르는 말수가 적고 조용한 40대 중년 남자이다. 그의 두 눈엔 슬픔이 고여 있다. 그는 본래 레바논 출신이지만 스웨덴에 귀화했다. 그는 현재 유엔난민기구에서 일한다.

나는 국제이주기구가 사용하고 있는 가건물의 처마 밑에서 그를 만났다. 마침 소나기가 지나가고 난 참이었다. 바닥은 질척거렸다. 크고 검은 눈에 마른 몸, 환한 미소가 빛나는 어린 사내아이 두 명이 천 쪼가리로 만든 공을 가지고 그 진창에서 축구를 했다. 한 녀석은 다 찢어진 꼬질꼬질한 러닝셔츠 차림이고, 다른 녀석이 입은 반바지는 어찌나 더러운지 옷감이 반질반질할 정도인 데다 군데군데 구멍이 난 상태였다. 아홉 살이나 열 살쯤 되어 보이는 녀석들의 검은 머리는 까치가 집을 지은 듯 덥수룩했다. 맨발로 공을 차는 두 녀석의 온몸은 진흙투성이였다. 그럼에도 녀석들은 자기들이 제일 좋아하는 놀이에 열중했다.

만수르는 그 아이들을 잘 알았다. 그는 아이들에게 아랍어로 이야기하면서 이따금씩 종이와 색연필을 가져다주었다. 처마 밑에서 그림이라도 그리면서 다만 얼마 동안이나마 아이들의 마음속에 깃들어 있는 불안을 잊으라는 배려였다.

"이 무슨 낭비란 말입니까!" 만수르가 볼멘소리를 했다.

두 아이는 벌써 2년 반째 NATO의 철조망으로

둘러싸인 네 벽 속에 갇혀 있다. 모리아 난민 수용소
엔 학교가 단 한 곳도 없다. 유치원도 물론 없다.

그러니 참으로 기가 막힌 낭비가 아닐 수 없다.
내 손자 카림과 같은 또래로 보이는 이 두 아이들을
교육의 측면에서 생각하면, 이 어찌 시간 낭비가 아니
란 말인가.

내가 지켜보는 가운데 국제이주기구의 가건물
앞 진흙탕에서 누더기 축구공을 차는 두 녀석은 이른
바 동반 보호자 없는 아동들이다. 한 녀석은 가족들과
야르무크에 살다가 혼자만 목숨을 건졌다. 푸틴의 범
용 폭탄이 아이의 엄마, 아빠, 그리고 두 여동생과 하
나뿐인 남동생까지 모조리 죽였다.

파트리스 만수르의 말로는 "저 애는 그래서 살아
남은 다른 사람들과 같이 폐허가 되어 버린 동네를 떠
났습니다. 어른들은 터키에서 학대를 당했고, 수중에
있던 돈을 갈취당했죠. 마침내, 마지막 남은 돈을 탈
탈 턴 덕분에 밀입국 안내원들이 콩나물시루같이 비
좁은 고무보트에 태워 줬습니다. 레스보스행 보트였
죠."

또 한 녀석은, 나이가 약간 더 들어 보이긴 하지
만, 눈동자에서 불안감이 엿보이는 건 마찬가지였다.

녀석은 엄마와 같이 불타는 구타 오아시스를 빠져나왔다. 제빵사인 아이 아빠는 시리아 공군의 비밀 요원들에게 몇 년 전에 체포되었고, 그 후 아무도 그를 다시 보지 못했다. 아이는 자기 아빠에 대해서 모르는 사람처럼 이야기했다. 아이의 엄마와 여동생, 형은 폭풍이 몰아치는 밤에 해협을 건너던 중 모두 익사했다.

고기잡이배 한 척이 아이를 구했다. 이제 아이는 이 세상천지에 혼자다. 동행이라고는 없이 NATO의 철조망이 세 층으로 쌓인 모리아의 수용소 안에 홀로 덩그러니 남겨졌다.

아동 관련 협약은 동반 보호자 없는 아동들은 어른들과 분리된 곳에서 잠을 자도록 규정하고 있다. 그런데 모리아의 공식 수용소에 설치된 유엔난민기구에서 제공하는 대형 텐트 안에서는 최소한 15명이 체류하며, 비공식적인 난민촌 "올리브나무 숲"에서는 동반 보호자 없는 미성년자들은 국적과 상관없이 성인들과 섞여 있다.

밤이면 그들은 아무런 보호도 받지 못하고 성인들의 처분에 맡겨지는 신세다.

국경없는의사회에 따르면, 동반 보호자 없는 미성년자들은 자신을 방어할 아무런 힘이 없는 관계로 성적 학대의 희생자가 되는 경우가 많으며, 이러한 비리는 반복적으로 자행된다.

그리스 법에서는 검사가 동반 보호자 없는 미성년자의 후견인 역할을 하도록 규정하고 있다. 그런데 유엔 이주권 특별조사관 프랑수아 크레포는 "동반 보호자 없이 섬에 도착하는 아동들의 수가 많다 보니 검사가 아동들의 권리를 효과적으로 지켜 주지 못하고 있다"고 성토한다.[38]

유엔인권이사회의 이주와 망명권 분과 조사관들이 현장을 방문한 이후, 그리고 그 뒤를 이어 유엔인권이사회 특별조사관의 조사 보고서가 제출된 이후에도 난민 아동들과 관련하여 진정한 의미에서 달라진 건 하나도 없다. 아, 유럽 각국 정부의 끝 모를 위선! 그들은 아동 권리 협약 체결 30주년을 요란스럽게 자축하는 순간에도 눈썹 하나 까딱 않고 모리아 난민 아동들의 참혹상을 모르는 척한다.

난민 보호의 역사

　나는 유엔난민기구에 탄복하는 사람이다. 우선 그 기구가 걸어온 역사가 존경스럽고, 다음으로는 그 기구가 현재 진행하고 있는 활동들이 감탄을 자아낸다. 유엔식량기구 특별조사관의 자격으로 나는 유엔난민기구 고위 책임자들(이들 중 일부는 예전에도 지금도 여전히 나의 친구들이다)이 지휘하는 몇몇 활동들의 추이를 아주 가까이에서 지켜보았다.

　간략하게 간추린 역사부터 이야기해 보자.

　매우 강력한 힘을 발휘하는 유엔난민기구는 1919년에 베르사유 조약과 국제연맹 헌장의 결실로 창설되었다. 처음엔 난민지원센터라는 이름으로 시작했으며, 제네바 국제연맹 사무국 부속 기구였다.

　1933년 1월, 나치가 베를린에서 권력을 장악했을 무렵, 독일은 국제연맹 회원국이었다.[39] 하지만 히틀러는 수상직에 오르자마자 공산주의자, 사회주의

자, 유대인들을 탄압하기 시작했다. 젊은 시절 나에게 가장 깊은 인상을 남긴 책들 가운데 하나는 뛰어난 배우이면서 공산주의자인 데다 유대인이었던 볼프강 랑호프가 쓴 『늪지대의 병사들』이었다. 1933년, 랑호프는 한 무리의 나치 비밀경찰들에 의해 그가 일하던 함부르크 극장에서 체포되었다. 그가 엠스란트 수용소로 이송되었다는 소식을 마지막으로 사람들은 그의 소식을 듣지 못했다.

바이마르 공화국 시절에 통용되던 일부 법규들은 그대로 유지되었으므로, 예전에 합법적이었던 것은 어느 정도까지는 여전히 합법적인 것으로 간주되었다. 가령 몇몇 신문들은 자취를 감춘 볼프강 랑호프를 찾는다는 광고를 지면에 실을 수 있었다는 말이다. 함부르크에서 가장 서열이 높은 경찰 조직인 폴리차이프레지덴트는 랑호프의 소식을 몰라 애를 태우는 그의 가족에게 연민을 느꼈으나, 나치 비밀경찰이 하는 일에 대해서는 당연히 아무런 반대도 할 수 없었다. 독일에서는 그야말로 희생자들만 땅이 꺼지는 판국이었다. 그러나 13개월 후 랑호프는 리히텐부르크 수용소에서 석방되었다. 자취를 감춘 동안 그리로 이송되었던 것이었다. 석방 즉시 스위스 취리히로 망명한 그는 얼마 지나지 않아 극장가에서 제일 돋보이는

배우로 이름을 떨치게 되었다.[40]

1933년 봄부터 이미 여러 방식으로 위협을 받기 시작한 독일인들은 독일을 떠나야 했다. 국제연맹의 난민지원센터가 이들의 탈출 및 유럽 다른 나라 혹은 미국에서의 정착을 도왔다. 이렇게 되자 히틀러는 노발대발했다. 그는 국제연맹에 독일 난민, 특히 유대인들에게 제공하는 그 같은 지원을 즉각 중단하라고 요구했다. 스코틀랜드 출신 젊은 국제연맹 사무총장 에릭 드러먼드 경은 이에 놀라 곧 베를린으로 특사를 파견하여 독재자의 노기를 누그러뜨리려 했으나, 소용없었다. 마침내 어떻게 해서든 국제연맹의 보편성을 살리고자 했던 드러먼드는 난민지원센터 해체라는 해결책 아닌 해결책을 내놓았다.

이윽고 제네바에서 60킬로미터 떨어진 로잔에서 드러먼드는 국제연맹과는 무관한 독자적인 기구를 창설하여 난민고등판무소라고 명명했다. 잠시 잠잠하던 히틀러는 새로 태어난 난민고등판무소가 수행하는 탈출 – 보호 – 정착 활동의 효율성을 인정하지 않을 수 없게 되자 1936년 전격적으로 국제연맹을 탈퇴해 버렸다.

유엔난민고등판무소(또는 유엔난민기구)는 강력하면서 놀라울 정도로 효율적인 기관이다.[41] 다시 한

번 말하건대, 어린이를 포함한 거의 6000만 명의 남녀 노소가 오늘날 국제 사회의 보호를 필요로 한다. 이들 가운데 2500만 명은 각종 폭력을 피해서 도망친 난민들이다.

유엔난민기구에서는 9000명의 직원이 일한다. 일반 예산은 62억 유로를 넘지만, 이 기구의 지출이 온전하게 수입만으로는 충당되지 못하는 형편이다. 유엔난민기구는 상시적인 적자에 시달린다. 그럼에도 각국(특히 서양 선진국들)은 경제 침체라는 이유를 대며 꾸준히 지원금을 줄여 가고 있다.

유엔난민기구는 지구의 5대륙에 빠짐없이 병참 기지를 두고 있다. 난민이 급작스럽게 대규모로 밀어닥칠 경우, 난민기구는 48시간 안에 반응한다. 아주 신속하게 변소로 사용될 구멍을 파고, 텐트를 세우고, 물탱크와 수도관을 설치하며, 응급 의료 센터를 구비한다.

유엔난민기구는 또 하나의 효율 만점 국제기구로 항공 편대와 대대적인 고성능 트럭 편대까지 보유한 유엔세계식량계획과 항구적인 공조 협약을 맺고 있다. 이에 따라 케냐 북부 황폐한 지역에 마련된 다합 수용소의 난민 45만 명, 다르푸르에서 수단군과 그들의 임시 보충 부대 잔자위드들에게 박해받는 희생자들인 니알라의 마살리트족, 푸르족, 자가와족 난민 30만 명에게 매일 식사를 제공하는 일도 세계식량계획이 전담하고 있다.

유달리 강력하고 효율적인 기구인 만큼 예외적인 결단력과 에너지를 가진 인물들이 최근 몇 년 동안 제네바 프랑스 대로에 자리 잡은 유엔난민기구 본부에서 인간의 광기에 희생된 자들을 위한 긴급 구호 활동을 이끌어 왔다.

2005년부터 2015년까지는 코피 아난이 임명한 안토니우 구테흐스가 유엔난민기구의 수장으로 일했으며, 그의 전임자는 체구는 작지만 강철 같은 의지로 똘똘 뭉친 일본 출신 오가타 사다코였다.

오가타 사다코에게는 두 명의 직속 부관이 있었는데, 튀니지 출신의 카멜 모르잔과 브라질 출신 세르지우 비에이라 지 멜루로, 두 명 모두 뛰어난 인재들이었다. 나는 이 두 사람과 우정과 연대감으로 빚어진 돈독한 관계를 맺고 있으며 이 관계는 앞으로도 언제까지고 이어질 것이다.

난민들을 맞아들이고, 이들에게 안전한 피신처를 제공하고, 먹을 것을 주고 보살펴 가며 이들을 보호하는 것은 하나의 일이고, 이들을 (가령 전쟁이 끝났을 때) 수용 가능한 조건으로 떠나온 나라로 돌려보낸

뒤 정상적인 삶이 가능하도록 하는 것은 또 다른 일이다.

1992년 세르지우 비에이라 지 멜루는 태국 북부 수용소에서 체류하던 캄보디아 난민 수십만 명을 크메르 루주에 의해 피폐해진 그들의 고향으로 돌려보내는 귀환 계획을 실행했다. 한편 카멜 모르잔도 콩고와 르완다 출신 난민 수십만 명을 고국으로 돌려보내는 작업에 매달렸다.

우리는 이처럼 갈등이 잦아진 후 대량의 피난민들을 증오와 복수심이 여전히 불기둥처럼 용솟음치고 있는 곳으로 돌려보내는 일이 얼마만큼의 인내심과 어느 정도의 외교적 수완을 요구하는지 상상조차 하기 어렵다.

세르지우 비에이라 지 멜루는 비극적인 죽음을 맞았다. 2003년 3월, 유엔 안전보장이사회의 의지에도 불구하고 미국이 공습 작전 후 이라크를 침공하자, 조지 W. 부시와 유엔은 관계 단절 상태에 이르렀고, 이는 곧 유엔이 최악의 상황으로 내몰렸음을 의미했다. 이 상황에서 코피 아난은 제일 믿고 의지하는 친구이며, 그래서 인권기구 수장으로 임명한 세르지우 비에이라 지 멜루에게 전화를 걸어 매우 특별한 임무를 맡겼다. 바그다드로 가서 점령군의 경계 지역에 유엔 대표부를 열라는 것이었다. 바그다드에서 세르지우는 카날 호텔에 사령부를 차렸다.

2003년 8월 19일 16시 30분, 폭탄을 잔뜩 실은 지하드의 트럭이 카날 호텔 거의 전체를 파괴했다. 세르지우의 남녀 부하 직원 21명이 이 사고로 목숨을 잃었다.

참사 현장에 달려온 미군 부대의 불도저와 포클레인들이 다른 곳에서 구조 작업 중이었으므로, 세르지우는 무너진 건물의 시멘트 조각들 사이에 몸이 긴 채 빠져나오지 못하고 여러 시간 동안 단말마의 고통을 겪다가 숨을 거두었다.

그는 유엔에서만 34년을 일했다.

현재 유엔난민고등판무관 필리포 그란디 또한 비록 개인적인 경력은 그들과 판이하게 달라도, 전임자들에 버금가는 소신과 의지의 인물이다. 그란디는 외교관 출신도, 고위 행정가 출신도 아니다. 밀라노 대학에서 철학과 역사를 공부한 그는 대학을 졸업하면서 바로 가톨릭에서 설립한 난민 지원 단체에 들어가 태국의 난민 수용소에서 일하기 시작했다. 그 후 그는 줄곧 수단, 콩고, 이라크, 시리아 등지를 다니면서 난민 지원에 전념했다.

아프가니스탄에서는 난민 귀환 계획의 책임자로

활동했는데, 이는 확실히 역사적으로 가장 의미 있는 일로 기억될 만한 업적이었다.

2014년, 그란디는 유엔 팔레스타인 난민 구호사업 기구의 수장이 되었다. 위에서도 언급했듯이, 이 기구는 550만 팔레스타인 난민들(이스라엘 측의 폭압으로 자기 나라에서 쫓겨나 먼 이국땅에 붙잡혀 있는 사람들)을 보살피는 임무를 맡고 있다.

2019년 7월, 유엔 사무총장의 대량학살 방지 특사 아다마 디엥이 제네바에 들렀다. 그는 나에게 "자네도 알다시피, 안토니우는 유엔 사무총장보다 난민 고등판무관으로 일할 때 훨씬 권력이며 영향력이 많았지, 활동도 훨씬 자유롭고 말이야"라고 속내를 털어놓았다. 아다마의 말이 맞을 확률이 매우 높다. 유엔 사무총장이라는 자리는 아주 엄격한 틀로 규정되는 자리다. 매주 수요일이면 뉴욕의 이스트강 변 유엔 본부 건물 내부 식당에서 안전보장이사회 상임이사국 자리를 차지하고 있는 5개국의 대사들과 식사를 한다. 상임이사국 각각은 사무총장이 제안하는 안건에 대해 거부권을 행사할 수 있다. 그러므로 안토니우 구테흐스가 계획하고 있는 구상의 수용 여부는 이 식사 자리에서 판가름 나는 셈이다.

그런데 난민고등판무관에게는 이런 구속이 없다. 그의 독립성은 거의 전적으로 보장된다고 해도 무방하며, 그의 영예엔 이론의 여지가 없고, 그에게 부여된 결정의 자유는 사실상 무제한적이다.

그렇기 때문에 모리아를 비롯하여 핫 스폿 전역에서 난민고등판무관의 존재가 느껴지지 않는 현실을 나는 한 마디로 도저히 이해할 수 없다.

이를 어떻게 이해해야 할 것인가? 몇 가지 답변이 가능할 수 있다. 그러나 그 어느 것도 변명은 될 수 없다. 난민고등판무관은 제한된 수단을 활용해서 당면한 엄청난 임무를 수행해야 하는 자리다. 거듭 말하지만, 폭력을 피해 자기 나라를 탈출했거나 자기 나라 내부에서 유랑에 나선 사람들, 그 외 다양한 여러 이유 때문에 이주에 나선 인구 등, 암튼 거의 6000만 명이 도로가 되었건 바다 위가 되었건 이 지구상에서 떠돌고 있다.

난민고등판무관은 더구나 부차적인 토대 위에서 일한다. 그러니까 개별적인 유엔 가입국이 할 수 있는 일이라면 고등판무관은 개입하지 않는다는 말이다. 오늘날 난민기구의 유럽 분과와 그리스 정부 사이에 오직 사안별 개별 협조 협약만이 작동하는 건 이런 이유 때문이다. 그렇지만 난민기구로부터 역량을 위임

받은 국가들이 명백하게 국제 인권 공법을 위반하고 있는데도, 부차적 성격만 언급하며 나 몰라라 해서는 안 될 것이다.

유엔의 요구 사항을 상기시키고, 난민 지위에 관한 1951년 협약을 준수하도록 강제하며, 에게해 핫 스폿을 비롯해서 다른 곳에서 벌어지는 참상에 종지부를 찍기 위해서, 난민고등판무관 필리포 그란디는 가톨릭 좌파 인도주의 행동대원으로서, 브뤼셀의 귀먹고 눈먼 관료들과 시급히 맞서 싸워야 할 것이다.

그런데 그는 그렇게 하지 않고 있다.

내가 보기에 이러한 요구를 거부하는 그의 입장은 용납될 수 없다.

'그는 죽어 간다'

　　그리스 법은 "취약한 자"라는 개념을 인정한다.
취약한 자는, 그 단어의 정의에 따르면, 망명 신청을
할 수 있다. 취약한 자는 즉각적인 송환의 대상이 될
수 없다.
　　아래 각 항목에 해당되는 사람이 취약한 자로 간
주된다.

- 동반 보호자가 없는 난민 아동
- 자기 나라에서, (그리고/또는) 탈출 과정에서 고문
을 받았음을 증명할 수 있는 자
- 임신한 여성
- 중병에 걸린 자
- 자기 나라에서, (그리고/또는) 탈출 과정에서 폭력
의 피해를 받은 자
- 해양 조난에서 살아남은 자

에게해 레퓨지 서포트의 변호사단, 베를린 헌법에서 정한 권리와 인권센터 소속 법률가들, 뿐만 아니라 미국 출신 여성 변호사로 해외 여성 변호사 단체인 애드버킷 어브로드Advocates abroad[42]를 발족시킨 아리엘 리켈 등은 유럽연합 망명지원사무소 소속 관리들이 난민들에게 그들의 취약한 상태에 관해 심도 있는 신문을 해야 한다는 사실을 의도적으로든 부주의에 의해서든 자주 망각한다고 비난한다. 이 때문에 난민들은 그들이 난민으로서 당연히 누려야 할 보호받을 권리에서 배제되고 있다는 것이다.

장 자크 루소는 1755년에 발표한 그의 저서 『인간 불평등 기원론』에서 이렇게 말한다. "인간과 인간의 관계에서 어느 한쪽에 일어날 수 있는 가장 고약한 경우는 자신의 운명이 상대의 재량에 달려 있다는 사실을 깨닫게 되는 것이다."[43]

자, 절차를 다시 한번 정리해 보자. 유럽연합 망명지원사무소 소속 유럽 관리들이 난민의 최초 신문을 진행한다. 이들은 신문 대상자에게 망명을 신청할 권리가 있는지 없는지를 검토한다(관리들의 전문 용어로는 "허가 인터뷰"라고 한다). 권리가 있다고 판단될 경우, 서류는 그리스 당국으로 넘겨진다. 그리스 당국은 1차 심사에서 망명을 허락할 것인지 아닌지를 결정한다. 그런 후에 아테네의 상급 법원에서 2차 심사가 이루어지는데, 경우에 따라서는 대법원으로 상고도 가능하다. 일이 너무 많은 각국의 망명 문제 당국을 돕기 위해 2010년에 협력 및 상호협력 기관으로 설립된 유럽연합 망명지원사무소는 전적으로 각국(여기서는 그리스)의 주권을 존중한다고 장담한다. 이 기관은 사전 접수에 이어 신문 관련 서류를 그리스 당국으로 이송하는데, 그에 앞서 신문 결과에 대한 의견을 첨부한다. 각국의 담당 부서는 그러므로 유럽연합 망명지원사무소의 평가를 토대로 망명 허가 여부를 결정한다.

그런데 유럽연합 망명지원사무소에서 일하는 관리들의 인원이 너무 적다 보니, 모두가 알다시피, 일처리 속도가 너무 늦어진다. 물론 그리스는 매우 특별하게도 난민들을 위한 옴부즈맨 제도까지 두고 있다. 국제 시민단체의 행동대원들은 유난히 석연치 않은 사례들이 발생하면 여기에 호소할 수 있다.

실제 사례를 보자. 해외 여성 변호사 단체 애드버킷 어브로드를 설립한 미국의 변호사 아리엘 리켈은 사모스섬 핫 스폿 내에 있는 경찰서에서 의자에 묶여 있는 이제 겨우 열다섯 살 된 소년을 발견했다. 그리스 경찰들에게 심하게 구타당한 소년은 갈비뼈가 여러 대나 부러지고, 복부도 찢어진 채였다. 소년은 그렇게 부상을 입은 채 이렇다 할 치료도 받지 못하고 묶인 상태로 3박 4일을 보냈다. 아리엘 리켈이 소년을 발견했을 때, 그 아이는 신음하면서 갈증을 호소했다. 아리엘이 옴부즈맨에게 알리자, 그는 사모스섬으로 와서 소년의 석방을 요구했고, 소년은 육지에 있는 병원으로 이송되었다.[44]

카롤린 빌레먼은 반짝반짝 빛나는 눈동자에 흔들리지 않는 신념을 갖춘 벨기에 출신 젊은 여성으로 국경없는의사회가 모리아 언덕 아래, 다시 말해서 악명 높은 공식 난민 수용소 울타리 밖에 마련한 의료 시설을 이끈다. 이 의료 시설의 백색 텐트들과 가건물들은 무장 경찰대가 주둔하는 요새 입구를 지키는 육중한 대형 철문과 마주 보고 있다. 카롤린은 직속 부하직원 이하브 아바시와 함께 집무실로 쓰는 백색 컨테이너 안에서 우리를 맞았다.

나는 장 자크 루소가 남긴 말을 떠올린다. "자연이 그에게 이성의 지지를 등에 업은 동정심을 부여해주지 않았더라면 인간은 한낱 괴물에 지나지 않았을 것이다."[45]

카롤린 빌레먼은 측은지심을 지니고 있고 동시에 지성미까지 풍긴다. 그녀는 수용소 체류 난민들이 겪는 참상에 대해 우리에게 상당히 예리하고 치밀한 분석을 제시한다. 난민 대다수는 절망에 빠져 있다. 기나긴 기다림, 수용소 내부 환경, 미래에 대한 불안감, 유럽연합 망명지원사무소라는 벽 앞에서 느끼는 무력감 등이 이들에게 심각한 외상을 일으킨다. 설상가상으로 이 트라우마에 자기들 나라에서 체험한 폭격과, 지하실에서 당한 혹독한 고문 같은 고통까지 더해진다. 탈출 과정에서 대다수가 겪기 마련인 십자가 형극에 버금가는 고난도 빼놓을 수 없다.

국경없는의사회는 이곳에 정신과적 치료, 특히 어린이 외상 환자들을 중점적으로 돌보는 치료소를 열었다(매우 드문 시도였다). 우리가 이야기를 나누는 집무실 컨테이너 바로 옆에서 나는 치료를 원하는 사람들을 위한 대기실로 사용되는 가건물을 보았다. 대기실은 만원이었다. 한 가정의 가장인 듯한 사람들도 있고, 청소년들도 눈에 띄었다. 이들은 모두 열린 문너머에서 자기 차례를 기다린다.

이 어린 친구들의 몸에는 칼로 인한 상처 자국들이 적잖게 남아 있다. 이 상처들의 상당 부분은 자해 때문에 생겼다. 청소년들은 칼로 자기 앞 팔뚝을 그어 버리거나 종아리에 단도를 푹 찔러 넣는다. 이러한 행위는 어떻게 이해해야 할까? 카롤린이 대답한다. "절망 때문이죠. 그 아이들은 모두에게 버림받았다고, 세상으로부터 단절되었다고 느낍니다. 자해는 말하자면 구해 달라는 아우성인 거죠."

내 상념은 30년 전으로 날아간다. 브라질 헤시피의 열 살에서 열네 살 남짓한 소녀들, 팔에, 뺨에, 다리에 상처투성이이던 소녀들을 만난 그날 밤으로. 올린다의 대주교인 헬더 카마라 대주교는 이 거리의 아이들을 데려와 바로크 양식의 프론테이라스 교회 옆의 한 주택에서 맞아들였다. 올린다와 헤시피 대교구에 속하는 교회였다. 대주교의 선종 이후, 신앙심과 용기가 남다른 젊은이 데메트리우스 데메트리오가 그의 뒤를 이어 '작은 예언자 공동체'의 대표 자리를 물려받았다. 30년 전 그날 밤에 헤시피 거리에서 나와 동행했던 이가 바로 그였다. 내가 물었다. "이 아이들은 왜 이렇게 신체를 훼손하는 겁니까?"

데메트리우스가 답했다. "이 소녀들은 정기적으로 경찰이나 일반 범죄자들에게 성폭행을 당합니다…. 끼니를 해결하기 위해서 아이들은 도둑질도 하죠. 그러면서도 이 아이들이 살아남을 수 있는 건 본드 덕분입니다. 제일 값싼 마약이죠."

내가 또 묻는다. "그런데 왜 자기 신체를 훼손하느냐고요?"

데메트리우스가 답한다. "소녀들 말로는 나쁘게 살고 있는 스스로에게 벌을 주는 거라더군요."

또 다른 어느 날 밤엔 열 살배기 사내아이 하나가 내게 말했다. "나는 본드 냄새를 맡는데요, 그건 말이죠, 나한테는 삶이라는 게 없기 때문이에요." 아이의 팔뚝엔 어지럽게 칼자국이 나 있었다.

모리아 수용소의 아이들과 약에 전 헤시피 거리의 아이들의 상황은 물론 같지 않다. 하지만 이 아이들의 마음속에 깃들어 있는 절망의 깊이는 다르지 않다.

함부르크에서 발행되는 교양 있는 독일 부르주아들의 주간지 《디 차이트》는 극좌 성향이라고 하기는 어려운 언론매체이다. 그럼에도 이 주간지는 최근 모리아 수용소와 관련하여 "이곳에서 사람들은 짐승처럼 살아간다"는 제목의 기사를 실었다.[46]

여러 명의 아이들을 오랜 기간에 걸쳐서 관찰 치료하고 있는 카롤린 빌레먼은 《디 차이트》지의 기사 내용에 공감을 표한다. "그 아이들은 비인간적인 대접을 받고 있어요, 마치 짐승처럼." 그러더니 입을 다물어 버린다. 두 눈엔 어느새 눈물이 그렁그렁 차오른다. 잠시 생각에 잠기더니 다시 입을 연다. "난 유럽에서 이런 일이 가능하리라고는 정말이지 꿈에도 생각해 보지 않았어요."

모리아에서는 자살 시도가 빈번하다. 어른들뿐만 아니라 아이들 사이에서도 그렇다.

알레산드로 바르베리오는 국경없는의사회에서 정신과 전문의로 일하고 있다. 가파르게 상승하는 자살 시도 빈도에 긴장한 그는 다음과 같은 공개서한을 발표했다.

나는 의사로 일해 오면서 내내 지금 이곳, 레스보스섬의 난민촌에서 목격하고 있듯이, 이토록 많은 사람들이 이토록 심각한 정신적인 문제로 고통받고 있다는 것을 알지 못했습니다. 내가 만나는 사람들의 절대다수는 정신병적인 증후를 보이며, 자살하고 싶다는 의사를 표현하고, 또, 실제로 자살 시도를 한 사람들도 있습니다. 이들은 무척 혼란스러워합니다. 이들은 잠을 자거나 정상적인 방식으로 음식을 먹거나 적절하게 신체의 위생을 유지하거나, 다른 사람들과 정상적으로 소통하는 일 따위의 아주 기초적인 일상생활도 제대로 해내지 못합니다.[47]

바르베리오는 이 절박한 상황을 설명하려고 애를 쓴다.

레스보스섬에 도착한 난민 모두는 그토록 힘든 고비를 넘겼으니 이제 빛을 보게 될 거라고 생각합니다. 그렇지만 그들은 머지않아 악몽이 아직 끝나지 않았음을 깨닫게 됩니다. 모리아의 수용소에서 그들은 언제까지고 끝나지 않을 것 같은 긴 기다림을 끈질기게 버텨 내야 하는데, 그건 그들의 힘으로 어쩔 도리가 없는 일입니다.[48]

사라 할리파르그랑 기자도 ≪르 누벨 옵세르바퇴르≫지에 게재된 "이주자들이 미쳐 버리는 섬, 레스보스"라는 제목의 현장 탐사 기사[49]에서 유사한 진단을 재차 확인시켜 준다.

한편, 국제적십자위원회의 마틸드 베이벨 지부장은 상황을 다음과 같이 요약한다.

우리가 제일 먼저 주목하게 되는 건 그들의 앞 팔뚝에 나 있는 상처 자국들이다. O(34세), S(22세), M(20세), A(26세)는 각각 시리아인, 아프가니스탄인, 쿠르드족, 이라크인이다. 이들은 나이와 국적을 불문하고 날이면 날마다 점점 더 커져가는 절망과 분노 앞에서 평등하다. 기다리다가, 제자리에서 뱅뱅 맴만 돌다가, 미쳐 버렸으니까. 상처는 그들을 갉아먹는 것의 제일 가시적인 일부분일 뿐이다. 사실 상처보다 그들의 두 눈을 바라보는 일이 훨씬 힘들다. 머뭇거리다가 마침내 무슨 일이 있었느냐고 힘들게 물으면, 돌아오는 대답은 늘 같다. "모리아."

모리아에서는 모든 것이 기다림이다. 찬물만 나오는 샤워, 화장실, 곰팡이 핀 식사 배급, 더럽고 너무 헐렁한 의복 등. 사람들은 후텁지근한 좁은 길에서 어슬렁거리거나, 축구공을 차거나, 두 눈을 올리브나무 숲 쪽으로 내리깐 채 담배를 피우면서 흘러가지 않는 시간을 잊으려고 기를 쓴다. 그 사람들은 하루가 멀다 하고 벌어지는 싸움판에 끼어들지 않으려고, 이편도 저편도 들지 않으려고 그저 납작 엎드려 지낸다. 저녁이면 양탄자 바닥 위, 엄마와 동생 사이에 몸을 누이고서 대형 텐트 안 여기저기서 터져 나오는 한숨과 속닥거림 사이에서 잠이라도 들게 해 달라고 기도한다.

……

스페인어로 모리아moria는 '그는 죽어 간다'라는 의미다. 그리고 그건 실제로 모리아에서 일어나는 일이다. 그곳에서 사람들은 조금씩 조금씩 죽어 간다. 서서히.

안으로부터. 처음엔 병이 든다. 그렇다, 언제나 시작은 그렇다. 피로와 부실한 식사, 위생 결핍. 그러다가 희망을 상실한다. 그러다 보면 어느 날엔 결국 그걸, 칼을 집어 든다. 섬 바깥세상 사람들은 애써 못 본 척하려는 그 칼을. 모두들 그런 건 다른 사람들에게만, 의지가 아주 약한 사람들에게만 일어나는 일이라고 믿었다. 그런데 어느 날, 어떻게 해서 그렇게 되었는지 영문도 모르는 채, 우리 모두가 그들처럼 하게 된다. 피가 철철 흐르는 걸 보면서도 멈추지 못한다.

조금 더 아래로 내려가면 이런 대목도 눈에 들어온다.

레스보스의 아름다운 풍광은 그곳에서 일어나는 일의 참담함을 한층 강조할 뿐이다. 해변에서 그리고 카페에서 터키 관광객들이 조난당한 시리아인들과 한데 뒤엉키다 보면, 대낮의 작열하던 태양이 저녁 하늘을 붉게 물들일 때쯤엔 결국 누가 누구인지 알지 못하게 되어 버린다. 자동차들이 와도 여간해서는 몸을 일으키지 않는 염소들과 함께 해안을 유유자적 어슬렁거리노라면 바다의 새파란 물빛을 따라 시선도 자연히 터키해안 쪽으로 끌려간다. 눈부신 석양 앞에서 황홀해진

두 눈으로는 그곳 쓰레기 처리장(어딘가에 버리긴 해야 하니까)에 버려진 형광 오렌지빛 구명조끼들을 쉽게 식별하기 어렵다. 더러는 여러 달 전에 버려졌는지 벌써 빛이 바랬다. 반면 제일 가까운 쪽에 작은 언덕을 이루며 쌓여 있는 것들은 여전히 선명한 오렌지색인 것으로 보아 어제나 그제 도착한 자들이 벗어 놓은 것일 터이다.

매일 100명 정도가 배편으로, 너무도 가깝기만 한(고작 7킬로미터) 터키에서 출발하여 섬에 도착한다. 더러는 헤엄쳐서 오기도 한다. 이번 주 초엔 미틸레네에서 북쪽으로 16킬로미터 떨어진 미스테그나에 72명(여자 18명, 남자 20명, 어린이 34명)을 태운 배 한 척이 들어왔다. 이틀 후엔 다섯 척이 레스보스 해안에 배를 댔으며, 이로써 도착한 난민의 수는 203명까지 치솟았다. 이들은 모두 모리아로 이송될 것이며, 거기서 접수를 하고 나면 수렁에서 허우적거리는 행정의 미로 속에서 끝도 없이 기다리게 될 것이다. 섬에 좌초한 사람들을 그물로 붙잡아 두는 우리 시대의 새로운 물귀신. 열 달에서 열다섯 달 정도의 기다림 끝에 이들 가운데 극소수만 섬을 떠나 아테네로 가게 될 것이다. 우선은 시리아인들이, 그리고 쿠르드족, 아프가니스탄인, 말리인 등 나머지 나라에서 온 사람들이 터키로 되돌려 보내

질 것이다. 터키로 송환된 이들은 잠시 유럽의 레이더에서 사라질 것이다. 다시금 같은 여정을 시도하기 전까지만 그럴 테지만.[50]

공포 전략

핫 스폿에 발목 잡힌 난민들의 인권 대부분은 유린되고 있다. 핫 스폿은 인권 중에서도 특별히 망명권을 심각하게 위반한다. 전임 유엔 사무총장으로 지금은 세상을 떠난 부트로스 부트로스 갈리는 인권에 대해 아래와 같이 명확하게 견해를 표명했다.

반드시 참고해야 하는 도구라는 관점에서, 인권은 인류의 공통언어에 해당되는 도구이다. 공통언어 덕분에 모든 민족이 다른 민족들을 이해할 수 있고, 그와 동시에 자기 민족만의 고유한 역사를 써 내려갈 수도 있다. 인권이란, 그 정의에서 드러나는 바와 같이, 모든 정책이 마지막 순간까지 지켜야만 하는 기준이다. …… 인권은, 본질적으로, 끊임없이 움직이는 권리이다. 무슨 뜻인가 하면, 인권은 변하지 않는 계율을 드러내는 것을 목표로 삼는 동시에 역사상 어느 특정 순간의 의식

인간 섬

상태의 발현이기도 하다는 말이다. 인권은 그러므로 하나의 덩어리로서, 절대적이면서 동시에 상황에 의해 자리매김 된다.[51]

부트로스 갈리의 말을 조금 더 들어 보자.

인권은 모든 나라에 공통으로 적용되는 최소 공통분모가 아니다. 오히려 그 반대로, 나는 인권을 더 이상 축소되어서는 안 되는 인간다움, 우리 모두가 한목소리로 우리가 단 하나의 인류 공동체임을 확인할 수 있는 가치들의 정수라고 부르고 싶다.[52]

헤겔의 말을 풀어서 설명해 보자면, 인권(시민으로서의 권리와 정치적 권리(망명권을 포함하여)를 비롯하여 경제적 권리와 사회적, 문화적 권리까지도 아우르는 인권)은 인간관계에서의 절대적이자 구체적이고 보편적인 규범이라고 할 수 있다.

유럽연합은 가치 공동체이다. 인권은 그 공동체의 토대를 형성한다. 망명권을 무시함으로써, 난민들의 권리를 보란 듯이 유린함으로써, 유럽연합은 1957년 이후 줄곧 쌓아 올린 토대를 스스로 무너뜨리고 있다.

2019년 5월 26일, 수천만 명의 유럽 유권자들은 그들의 의회를 꾸려 나갈 의원들을 선출했다. 그리고 각국 정부의 수반들은 유럽연합의 중요한 직책(유럽연합 집행위원회 위원장, 유럽은행 총재, 유럽연합 이사회 의장)을 맡겠다고 나선 후보자들을 놓고 과연 누구를 지명할 것인지 그들끼리 협상을 벌였다. 7월 16일, 독일의 보수 정치인 우르줄라 폰 데어 라이엔이 유럽의회에서 집행위원장으로 선출되었다. 폰 데어 라이엔은 대단히 우아한 60대 여성으로 아주 단정한 프랑스어를 구사한다.

이 선거에서 특히 승승장구한 사람이 있었는데, 바로 헝가리 총리 오르반 빅토르였다. 투표에 앞서 벌어진 선거 유세 기간 동안 독일 보수당 당수 만프레드 베버는 소속 정당의 당연직 후보로 집행위원장 자리를 노렸다. 베버로 말하자면 난민 재배치 계획에 반대하는 유럽연합 회원국에는 징벌을 가해야 한다는 입장을 고수하는 인물이었다. 그에 따르면, 유럽연합은 반反난민 정책을 고집하는 회원국, 다시 말해서 동유럽 국가들, 그중에서도 특히 헝가리에는 지역 연대 지원금을 삭감해야 마땅할 터였다.

한편, 오르반은 망명권 존중이라는 대의를 거부하는 인물이다. 그는 박해 피해자가 국경을 가로질러 수용소 철조망 너머 헝가리에 망명하고 싶다고 신청한다면, 그런 자에게는 원칙적으로 국경 경비대가 본때를 보여 줘야 한다고 공공연히 주장했다. 일단 뜨거운 맛을 본 다음 남의 나라 영토에 불법 입국한 죄로 처벌받아야 할 것이며, 이 경우 3년을 꽉 채워 징역살이를 해야 한다는 것이 그의 지론이었다.

1994년에 제정된 지역 연대 기금은 유럽연합이 시행 중인 수많은 지역 정책 수단들 가운데 하나다. 이 기금은 공동체 내의 경제적, 사회적 격차를 줄이고 유럽 대륙 차원에서 성장과 고용, 지속적인 발전을 진작하기 위해 국민총생산이 유럽연합 공동체의 평균 수준에 비해 뚜렷하게 낮은 회원국에게 원조해 주는 돈이다.[53]

2014년부터 2020년까지의 기간 동안 불가리아, 키프로스, 크로아티아, 에스토니아, 그리스, 헝가리, 라트비아, 리투아니아, 몰타, 폴란드, 포르투갈, 체코, 루마니아, 슬로바키아, 슬로베니아가 이 기금의 혜택을 이미 받았거나 받게 될 것이다. 총 634억 유로가 유럽연합 측이 우선적이라 판단하는 유럽 공공 이익 진작 프로젝트에 투자될 예정인데, 이 프로젝트들은 유럽 전역을 관통하는 각종 망(특히 철도망) 구축에서 환경과 에너지(특히 재생 가능 에너지) 분야, 사회 인프라

건설 등 다양한 분야를 아우른다. 가령 부다페스트 지하철의 현대화와 노선 확장 등은 이 기금에서 수억 유로에 이르는 사업비를 지원받은 덕분에 가능했다.

그런데 이러한 경제적 지원은 이사회가 합당한 절차를 통해 의결정족수를 충족할 경우 중단될 수 있다.

스트라스부르의 유럽의회에서 개최된 신임 집행위원장 선거는 근소한 표 차이로 우르줄라 폰 데어 라이엔의 승리로 끝났다. 그녀는 심지어 독일 의원 전원의 표도 기대할 수 없었다. 독일 사회민주당은 실제로 그녀에게 반대표를 던졌다. 보수 세력 쪽에서마저 몇몇 기권표가 나왔다. 과반수를 확보하기 위해 그녀는 가장 반동적이고, 가장 외국인 혐오적이고, 난민 문제에 가장 적대적이라는 평판을 듣는 의원들의 표까지 끌어모아야 했다(그 대가로 무엇을 약속했을까?). 이렇게 해서 폴란드 민족주의자들과 빅토르 오르반 진영에 속하는 13명의 헝가리 의원들이 그녀에게 표를 주었다. 그 무렵 북부 동맹의 마테오 살비니가 이끄는 극우 정부의 연합 세력이었던 이탈리아 오성운동 소속 14명의 의원들도 그녀에게 투표했다.

결국 투표 참가자 751명 중 우르줄라에게 표를 준 사람은 그렇지 않은 사람에 비해 겨우 9명이 더 많았다.

2019년 7월 19일, 유럽연합 집행위원회의 신임 위원장은 브뤼셀에서 첫 기자회견을 가졌다. 12월이 되어서야 임기가 시작함에도 그녀는 자신이 구상하는 미래 계획의 대략적인 윤곽을 펼쳐 보였다. 난민들? 난민 재배치 계획에 어깃장을 놓는 회원국에 불이익을 준다는 건 말도 안 된다. 그녀는 징벌 대신 동유럽 반동 정부들과 "심도 있는 대화"를 나누겠노라고 대답했다.

우르줄라 폰 데어 라이엔이 난민 문제와 관련하여 제시한 청사진은 상당히 암울한 편이다.

이주 문제는 앞으로도 수십 년 동안 우리와 함께할 것이다. 진보는 지속적인 개념을 유지해 나갈 수 있을 때에만 가능하다. … 이는 아프리카에서 시작될 것이며, 따라서 우리는 그곳에 많은 투자를 해야 할 것이다. 이는 또한 각종 범죄 행위, 불법 밀입국 안내인, 불법 인신매매자들과의 전쟁을 통하지 않고는 불가능하다. 우리에게는 안전이 보장된 대외 국경과 망명 신청 관련 규정에 대한 공통의 이해가 필요하다.[54]

요컨대 험난한 바다로 난민을 몰아내는 관습과

의 결별은 어렵다는 말이다! 핫 스폿에서 일상이 되어 버린 비극에 대해서는 일언반구도 없다!

신임 집행위원장의 속내에는 폭력적인 난민 저지 관행, 보편적 망명권에 대한 암묵적 부정이 "유럽을 야만인들로부터 보호해야 한다"는 명시적인 신념 속에 깊이 뿌리내리고 있다.

선출된 날인 7월 16일과 임기를 시작하는 날인 12월 1일 사이의 공백기에 우르줄라 폰 데어 라이엔은, 이제 막 선출된 그 어떤 정부 수반이라도 그렇게 하듯이, 자신의 팀을 꾸리고, 조직을 구상하고, 각 부서별 역량을 결정해야 했다.

유럽연합의 모든 회원국 각각은 집행위원회에 한 자리씩 권리가 있으며, 각국은 자유롭게 누구를 임명할 것인지 후보자를 결정한다. 하지만 각국의 선택은 의회의 비준을 받을 수도 있고, 그 반대일 수도 있다. 폰 데어 라이엔은 그리스 집행위원 마르가리티스 스키나스에게 '이주와 유럽 생활 방식의 보호'라는 명칭의 부서를 맡겼다. 이런 명칭을 선택한 것에 대해서 논평가들은, 모든 형태의 이민과 모든 방식의 연대감에 격렬하게 반대 의사를 표명해 온 동유럽 회원국들에게 양보한 결과라는 해석을 제시했다.

많은 동료들의 지지를 받은 녹색당 의원 카리마

델리는 신임 집행위원장에게 항의 서한을 보냈는데, 그 편지의 결론은 다음과 같다. "새로 구성된 집행위원회는 극우주의적인 언어로 얼룩진 상태에서 첫발을 내딛어서는 안 된다."[55]

그러나 이 같은 항의는 십중팔구 무용지물이 될 공산이 크다.

그러는 사이에 브뤼셀의 유럽 관료들은 그리스, 이탈리아뿐만 아니라 유럽 요새의 성벽을 따라 이어지는 대외 경계 지역에 핫 스폿의 개수를 늘이고 규모를 확장하기 위해 불철주야 열심히 일했다. 핫 스폿을 지칭하기 위해 관료들은 앞으로 자기들끼리는 다음과 같은 용어를 쓰기로 했다. "하선 통제 센터 콘셉트."

유엔인권이사회 본부엔 여기저기에 빨간색 경보등이 켜졌다.

벤저민 루이스는 아주 똑똑한 미국 출신 법률가로, 난민기구의 "이주와 인권" 분과 소속이다. 뼛속까지 법치국가적 신념으로 똘똘 뭉친 인물이라고 해도 과언이 아닌 그가 내게 말한다.

우리는 핫 스폿들이 실제로는 억류소라는 사실에 주목했습니다. 핫 스폿은 자유와 인권, 그중에서도 특히 건

강할 권리, 적절한 거처에서 살 권리, 가정을 이룰 권리에 어긋나며, 고문 및 기타 비인간적인 대우 금지에도 어긋나고, 망명권의 위반이며, 국제 공법에 의해서 보장되는 다른 모든 보호권의 위반입니다.[56]

그러나 벤저민 루이스와 그의 동료들에게도, 난민고등판무관인 미셸 바슐레에게도, 이렇듯 위반 천지인 핫 스폿의 증가와 확대를 효과적으로 막을 수 있는 수단이라고는 없다.

브뤼셀 집행위원들의 전횡에 맞서 법에 의한 통치, 망명권과 모든 인권의 준수를 실제적으로 강제하기 위해서는, 살인적인 정책에 대항해서 승리를 쟁취하기 위해서는, 오직 각종 사회 운동과 시민단체에 참여하는 행동대원들의 집단행동만이 소기의 성과를 낼 가능성이 있다.

2019년 8월, 그리스의 신임 총리 키리아코스 미초타키스는 두 개의 긴급 정책을 내놓았다. 하나는 '블랙 팬서스Black Panthers'라고 불리는 특수 경찰대의 창설로, 이 경찰대는 총리가 "불법 이주"라고 지칭한 것에 맞서 싸우는 임무를 부여받았다. 다른 하나는 일반 경찰력 강화로, 이를 위해서 기존 경찰력에 1500명을 보완했다. 이들의 임무는 그리스 국내 도시들에서 외국인들을 상대로 "신분증 검사 빈도를 높이는 것"이다. 시민단체 휴먼 라이츠 워치는 이에 대한 우려를 감추지 않는다. "수천 명의 이민자들이 정당하지 않은 방식으로 억류되고, 경찰서 내에서 자행되는 폭력의 피해자가 되는 힘든 시절이 돌아왔다"[57]는 것이다.

핫 스폿으로 말하면, 여전히 수만 명의 난민들이 쓰레기 더미와 철조망 너머에서 하염없이 기다리는 날들이 계속되고 있다. 미초타키스 총리는 핫 스폿의 수를 늘리고 싶어 한다. 그는 새로운 절차 규정을 만들어, 망명할 수 있는 권리를 스스로 입증하지 못하는 난민들, 다시 말해서 떠나온 곳으로 되돌아가야만 하는 난민들의 수를 늘이고자 한다.

오늘날 핫 스폿들은 대단히 명확한 전략을 수행하고 있는데, 그 전략이란 다름 아니라 억제와 공포 유발이다. 공포심을 야기해서 박해받고 있는 자들로 하여금 자기 나라 탈출을 포기하게 한다는 뜻이다. 난민들 사이에서는 가령, 유럽연합의 음험한 관료들이 이러한 전략이 망명 희망자들을 포기하게 만들기를 고대하고 있다는 정보가 나돈다. 졸지에 "유럽 생활 방식"의 적, 또는 폴란드 총리가 말했듯이 유럽 대륙의 "종족 순혈주의에 대한 위협"이 되어 버린 박해받는 이들이 레스보스를 비롯하여 다른 핫 스폿에서의 너무도 끔찍한 체류 현실에 겁을 먹을 것이 틀림없다는 계산인 것이다. 브뤼셀의 음흉한 관료들은 핫 스폿에서 이제는 떠올리기조차 싫은 처참한 수용소를 상기시키는 체류 현실을 언제까지고 유지함으로써 대규모 난민 집단의 이동이라는 파도를 잠재우고 싶어 한다.

이 공포 전략은 어디에서나 공통적으로 사용된다. 지중해 중심부에서 유럽연합은 난바다에서 조난당한 난민들의 구조 활동 일체를 중단했다. 유럽연합은 시민단체들의 재정 지원으로 운영되고 있는 마지막 세 척의 인도주의 선박에서 일하는 직원들에게 구역질 나는 근로 조건을 강제하기 위해 열을 올리고 있다. 2018년, 27만 2000명의 난민들이 지중해 중심부를 항해했고 이들 가운데 6168명이 파도에 휩쓸려 목숨을 잃었다.

"핫 스폿 접근법은 말하자면 억제의 한 형태이다."[58] 덴마크의 레퓨지 카운슬Refugee Council은 이렇게 평했다.

2019년 9월 9일에 열린 유엔인권이사회에서 미

첼 바첼레트 인권최고대표는 이 문제에 대해 강력하게 발언했다. 미첼 바첼레트는 아우구스토 피노체트 시절, 아버지가 칠레 군인들에게 살해당하고 자신도 똑같은 군인들에게 고문당한 경험이 있다. 세계 여론의 압력 덕분에 칠레 군부로부터 풀려나자 그녀는 곧장 어머니를 모시고 동베를린으로 망명했다. 이날 연설에서 그녀는 지중해 중심부 상황에 대해 전 세계에 경종을 울렸다.

최근 몇 달 동안, 몇몇 유럽 정부가 보여 준 행태는 인도주의적 지원 단체들의 활동을 범죄시하거나 이들의 활동을 저지 또는 방해하려는 의도를 보여 주었습니다. 이러한 행동은 따뜻한 대접과 최소한의 안전을 바라는 어린이들과 어른들에게 살인적인 결과를 가져옵니다. 유엔인권이사회의 조사에 따르면, 2019년 1월부터 7월까지의 기간 동안 지중해 중심부에서 익사한 난민의 수는 900명이 넘습니다. 우리가 모르는, 우리의 통계에 잡히지 않는 익사자 수까지 더한다면 물론 희생자의 수는 훨씬 더 많아지겠죠. ··· 나는 절망에 빠진 자들을 향한 이 같은 경멸적인 태도를 보며 심각한 우려를 표명하지 않을 수 없습니다.

이름조차 모르면서 수천 명의 희생자들을 매장해야 했던 이탈리아에서, 법의학자 크리스티나 카타네오는 이들의 신원 확인을 시도했다. 『얼굴 없는 조난자들: 지중해의 희생자들에게 이름 찾아 주기』라는 제목의 저서[59]에서 크리스티나는 "죽은 이주자들의 신원을 밝혀내지 않는 것은 인권 유린"이라고 강조한다.

유럽의 전략은 심각하게 부도덕하다. 부도덕할 뿐 아니라, 그러거나 말거나 매주 새로운 난민들이 수백 명씩 에게해상의 그리스 섬으로 몰려오는 실태가 증명하듯이, 완전히 비효율적이다. 카불에서 테러범이 던진 폭탄에 자식의 몸뚱어리가 갈기갈기 찢어지는 걸 목격한 아버지라면, 모리아 수용소의 상황이 얼마나 처참하건, 아직 살아 있는 나머지 자식들을 데리고 도망치기 마련이다. 터키군의 포격으로 집이 잿더미로 변했는데 기적적으로 가족들이 그 참극을 면하게 되었다면, 코반에 사는 쿠르드족 어머니에게는 머릿속에 딱 한 가지 생각밖에 없다. '당장 아이들을 데리고 도망치자. 에게해 핫 스폿에 대해 아무리 흉흉한 소문이 돈다 하더라도, 아이들을 살려야 하니까.'

1990년까지 구소련의 압제에 시달렸던 국가 대다수는, 비록 유럽연합 회원국이 되었다고는 할지라도, 구걸하는 입장이다. 이런 국가들은 본질적으로 유럽연합이 지역 격차 해소 명목으로 제공하는 수백억 유로에 기대지 않을 수 없기 때문이다. 이런 처지의 정부들 중에서 난민들의 재배치를 거부하고, 망명권을 인정하지 않고, 힘들게 자국의 국경까지 찾아온 박해받은 자들을 전기 곤봉과 쇠막대기, 이들을 물어뜯으라는 훈련을 받은 맹견들을 앞세워 맞이하는 국가는 지원금 혜택에서 배제되어야 마땅하다.

부끄러움의 힘

    1776년, 벤저민 프랭클린은 이제 막 태동한 신생 미합중국의 대사 자격으로 파리에 왔다. 그의 나이 일흔이었다. 토머스 제퍼슨과 더불어 1776년 7월 4일 필라델피아에서 조인된 미국 독립선언서(그보다 앞서 최초의 인권선언서도 발표되었다)를 작성한 프랭클린은 파리의 혁명 준비 모임 및 문학 살롱들을 중심으로 엄청난 영예를 누렸다.

    현재 생제르맹데프레의 중심에 자리한 카페 프로콥은 당시 젊은 혁명주의자들이 즐겨 찾는 곳들 가운데 하나였다. 프랭클린도 그곳의 단골이었다. 어느 날 저녁, 한 청년이 테이블 앞에 앉아 저녁 식사 중인 그에게 다가오더니, 그의 옷소매를 잡아당기면서 별안간 큰 소리로 외쳤다. "내가 보는 세상엔 온통 불의와 비참뿐이오. 도대체 징벌은 어디에 있단 말이오? 당신이 작성했다는 그 선언문은 실제로 지켜지기엔 아무런 구속력도 없지 않소, 사법적인 힘도, 군사적인 힘도 없단 말이오……."

프랭클린이 청년에게 대답했다. "그건 오해일세, 친구. 그 선언문의 이면엔 엄청나면서 영원한 힘이 있다네. 바로 부끄러움의 힘일세."

청년은 스무 살의 변호사 조르주 당통이었다.

유럽연합은 민주주의를 지향하는 구축물이다. 그런데 민주주의엔 무력함의 원칙 따위는 있을 수 없다. 우리 시민들은 부끄러움의 힘을 가지고 있다. 그러니 우리가 나서서 역학 관계를 전복시키자. 우리는 여론을 결집시키고, 우리의 투쟁을 계획해야 한다. 유럽의 도덕적 토대를 와해시키는 공포 전략을 상대로 전쟁을 선포하자.

우리 유럽 공동체는 반(反)난민 국가들에게 제공되는 지원금의 즉각적인 중단을 관철시켜야 한다.

우리는 유럽 대륙 어디에서나 보편적 망명권이 엄중하게 존중될 것을 요구해야 한다.

우리는 모든 핫 스폿을, 어디에 설치되어 있는 것이건, 즉각적이고 결정적으로 폐쇄할 것을 요구한다.

그곳이 바로 유럽의 치부이기 때문이다.

얼마 전 한려해상 국립공원을 한눈에 담을 수 있다는 케이블카에 올라 그 아래로 펼쳐지는 크고 작은 섬들의 향연을 굽어보며, 생뚱맞다고 해야 할지 당연히 그래야 하는 건지 잘 모르겠으나, 이순신 장군이 승리로 이끈 여러 대첩을 잠깐 생각했다. 바다 지형을 보니, 지형지물을 최대한 활용해 적의 눈을 피해 섬 뒤에 배들을 숨겨 놓았다가 때가 되면 모습을 드러내어 적선을 포위하고 물리치는 장군의 전략에 저절로 고개가 끄덕여졌기 때문이었을 게다.

그런데 지글러가 쓴 레스보스섬 난민 관련 책을 번역하는 동안 계속 한려해상 국립공원 케이블카에서 내려다보았던 그 광경이 뜬금없이 언뜻언뜻 오버랩된 건 어째서일까? 실제로 가 보진 못했지만 에게해 섬들이 만들어 내는 복잡한 해안선 뒤로 수군의 배가 아닌 난민들이 감시의 눈을 피해 숨어 있고, 조선 수군이 아닌 그리스 경찰이 날마다 그들을 찾아내어 끌고 간다는 점이 같다면 같고, 다르다면 달라서일까?

우리가 난민을 생존을 위협하므로 반드시 물리쳐야 할 우리의 적으로 간주한다면 두 사례는 같다고도 할 수 있다. 그러나 무장한 공권력이 무장하지 않은 민간인을 임의로 검거하는 행위는 전쟁 상황에서 적군을 상대로 무력을 행사하는 것과는 근본적으로 차이가 있으므로, 다르다고 보아야 한다는 쪽으로 마음이 기울어지는 게 사실이다.

유럽연합 측의 입장은 어떨까? 그걸 알려면 가입국들 내에서는 인적 물적 자원의 자유로운 이동을 보장하는, 그렇게 함으로써 장기적으로 유럽 단일 시장이라는 대업을 달성하려는 야망을 가지고 탄생한 솅겐 협약에 대해 알아 둘 필요가 있다. 간단히 요약해서 말하면, 솅겐 가입국(현재 26개국이 이 협약에 가입했으며, 이들이 반드시 유럽연합 회원국과 정확하게 일치하는 건 아니다) 가운데 어느 한 나라의 국경을 통과한 사람은 다른 가입국으로 아무 제약 없이 이동할 수 있다. 따라서, 내전이 잦은 아프리카와 중동 지역 여러 국가에서 도망쳐서 인권을 최우선시한다는 유럽을 향하는 난민들은 그들이 떠나온 곳에서 가장 가까운 관문을 통해 유럽으로 들어오고자 한다. 일단 역내에 발만 들여놓으면 나중에 원하는 곳으로 갈 수 있다고 기대할 수 있으므로. 여기에서 셰겐 협약이 지니는 이중성이 드러난다. 안으로 느슨하게 풀자니 밖으로는 필요 이상으로 조여야 할 필요가 생기는 것이다. 나와 남을 확실하게 구분 지어야 우리로서의 결속이 한층 공고해지는 걸까.

이 책은 내전이나 종교, 인종 차별 등의 여러 이유로 자기 나라에서 목숨을 이어 가기 어려워 목숨을 걸고 길을 떠난 난민들, 즉 비유럽이 유럽과 최초로 마주치는 곳, 이른바 핫 스폿의 비인간적이고 위선적인 민낯을 고발한다. 그리스 영토인 레스보스섬의 핫 스폿, 그리스 경찰들이 바위 뒤에서 '걸어 온' 난민들을 수용하는 공식 비공식 난민 수용소를 찾은 지글러는 이곳이 과연 유럽인지 묻는다. 난민 자격 심사를 받기 위한 첫 번째 관문인 1차 면담을 잡는 데만도 수개월씩 걸리며, 서류를 접수한 뒤에도 결과에 대한 아무런 기약 없이 몇 개월 몇 년을 열악하기 그지없는 수용소에서 보내야 하는 이들 난민은 무슨 잘못을 했기에 그런 대우를 받아야 하는 걸까? 지글러는 이전에 발표한 다른 책들에서 이제는 어디에서 태어나는가가 한 인간의 미래를 좌우하는 결정적인 요인이 되어 버렸다고 탄식하기도 했다. 하루가 멀다 하고 내전이 벌어지는 나라에서 태어나고 싶은 사람은 없을 것이다.

우리나라도 한두 해 전인가 제주도에 예멘 난민이 대거 상륙했다고 해서 온 나라가 시끄러웠던 적이 있다. 난민 신청자 수백 명 가운데 최종적으로 2명만 난민 지위를 인정받았다는 후문이다. 최종 결정이야 담당자들의 몫이겠으나, 심사가 진행되는 몇 달 동안 적어도 이들이 내 나라에서 레스보스섬의 난민들처럼 극악한 처우에 시달렸다는 부끄러운 소문은 듣지 못했으니 그나마 다행이려나.

2020년 9월
양영란

주

에메랄드 빛 레스보스섬

1. 내가 이 임무를 제대로 수행할 수 있도록 막강한 유럽의 두 시민단체가 나를 지원했다. 그런 점에서 나는 메디코 인터내셔널의 토마스 게바우어와 라모나 렌츠, 프로 아질의 카를 코프에게 깊은 감사를 표한다.

2. 키케로와 비트루비우스의 글을 보라.

3. 앰네스티 인터내셔널, "비인간적이고 과밀한 난민촌은 즉각 폐쇄되어야 한다."(2019년 1월, 런던)를 참조할 것.

푸시백 작전

4. 보더 모니터링 뮌헨, 2019년.

5. ≪더 슈피겔≫지 2019년 8월 10일 자에 게재된 독일의 시민단체 보더 모니터링 소속 베르나르 카스파렉의 인터뷰를 읽어 보라.

6. 바젤에서 발행된 시민단체 포럼 시빅 유로페알의 활동 일지 "종착역 보스니아" 2019년 9월호를 보라.

쏠쏠한 장사

7. 특히 룩셈부르크에서 발행되는 ≪브렌풍크트 드레트 벨트Brennpunkt Drëtt Welt≫의 2019년 6월호에 게재된 크리스티안 야콥의 〈사업으로서의 국경 보호Grenzschutz als Geschäft〉를 읽어 보라.

8. ibid.

'불법 인신매매'

9. 휴먼 라이츠 워치, 2018년 11월 5일.

10. ≪파이낸셜 타임스≫지(런던), 2016년 12월 1일 자.

난민이 아닌 난민들

11. 시리아 조사위원회 대표인 파울로 세르지오 피네이로가 2019년 7월 2일에 열린 유엔 인권위원회 41번째 회기에 제출한 보고서를 보라.

실패와 부패

12. 유럽연합 회계감사원 제3실, "난민 위기에 대한 유럽연합의 대책"(룩셈부르크), 2017년.

13. 유럽연합 결정 2015/1523: 2015/2160.

14. 온라인 ≪르 몽드≫지, 2019년 10월 4일 자.

15. 유럽연합 회계감사원, 앞의 책.

올리브나무 숲

16. 사모스의 "정글"에서 스위스 크로스 헬프Swiss Cross Help의 미카엘 레버와 그의 동료들은 난민들을 괴롭히는 영양실조와 옴으로부터의 피해를 막고, 이들의 자살 시도를 방지하기 위해 날마다 악전고투 중이다.

17. ≪르 몽드≫지, 2019년 11월 1-2일자.

18. 발레리아 헹겔, 『그 거래를 한 죄인: 그리스의 핫 스폿 레스보스섬에서의 유럽 망명 제도의 부식Gefangene des Deals: Die Erosion des europäischen Asylsystems auf der griechischen Hotspot-Insel Lesbos』(뮌헨, 유럽연합 보더 모니터링), 2019년.

19. 마틸드 베이벨의 블로그, 2019년 1월 10일.

20. 앰네스티 인터내셔널 보고서(런던), 2019년.

21. ibid.

22. 쿠르치오 말라파르테, 『카푸트Kaputt』", 카셀라, 1944년(프랑스어 판본은 1946년 드노엘 출판사에서 출간). 제목인 Kaputt는 독일어로 '깨어진, 파괴된, 산산조각 난'을 뜻한다.

태풍
23. 알렉산더 베르, ≪메디코 인터내셔널≫지(프랑크푸르트 암 마인), 2019년, 12쪽.

지옥의 책임자
24. 이 기구는 550만 팔레스타인 난민들의 당면 문제 해결 책임 기구로, 1948년 유엔총회에서 채택한 결의한 194호에 의거해서 창설되었다.

먹을 수 없는 식사
25. 1966년 12월 16일에 열린 유엔 총회에서 채택되었다.

연대
26. 1920년에 체결된 세브르 조약.
27. 혁명가이자 터키 민족주의자 군대의 사령관이었으며, 1923년에 선포된 터키 공화국의 초대 대통령 무스타파 케말 아타튀르크Mustafa Kemal Atatürk의 이름에서 유래한 용어.
28. 마틸드 베이벨, 「꿈을 낚는 덫」, 『미틸레네를 보고 죽어라Vori Mytilène et mourir』(이리다 그래픽 아트, 2019년). 메디아파르에 둥지를 튼 블로그 형태로 2017년에 소개된 글 엮음. 페트 광장, 파리의 난민 무단점거 지역 실상을 소개하는 『파리에서의 망명 일기Place des Fêtes. Journal d'un exil parisien』(로르몽, 르 보르 드 로 출판사, 2018년)도 참조할 것.

위태로운 망명권

29. ≪르 몽드≫지, 2019년 8월 4-5일 자.

30. ≪리베라시옹≫지, 2016년 3월 19-20일 자.

31. Ibid.

32. 에바 졸리, "유럽연합-터키 성명과 그리스의 핫 스폿: 난민 정책에 있어서 실패한 유럽 파일럿 프로젝트The EU-Turkey Statement and the Greek Hot Spots, a Failed European Pilot Project in Refugee Policy"(브뤼셀, Green/EFA), 2018년.

33. 방자멩 바르트와 마리 제고가 2019년 8월 1일 자 ≪르 몽드≫지에 기고한 기사 〈이스탄불의 시리아인들: 추방 공포Chez les Syriens d'Istanbul, la peur de l'expulsion〉.

34. 2019년 6월에 열린 유엔 인권위원회의 41차 회의에서 미첼 바첼레트가 한 연설을 보라.

아이들

35. 유엔인권이사회, 『그리스에서 무자비한 인권 현실과 마주해야 하는 이주자 어린이들Migrant Children Face Grim Human Rights Conditions in Greece』(제네바), 2019년.

36. Ibid.

37. Ibid.

38. 프랑수아 크레포, 2017년 6월 제네바에서 열린 35차 유엔인권이사회 회의에 제출된 보고서.

난민 보호의 역사

39. 독일은 1926년에 국제연맹에 가입했다.

40. 볼프강 랑호프, 『늪지대의 병사들Die Moorsoldaten』(취리히, 슈바이처-슈피겔 출판사), 1935년. 1945년에 베를린에 정착한 랑호프는 독일

극장 감독직을 역임했다.

41. 에릭 드러먼드 경이 설립한 난민고등판무소는 1945년 유엔의 기구로
편입되었다.

'그는 죽어간다'

42. 아니나 리처가 2017년 11월 16일 자 ≪보헨 차이퉁≫지에 기고한 ⟨레
스보스에 간 망명 전문 여변호사. 무기로서의 법률적 역량Asylanwältin
auf Lesbos. Juristische Fachkenntnisse als Waffe⟩를 읽어 보라.

43. ≪플레이아드 총서Bibliothèque de la Pléiade≫, t.III(갈리마르 출판사,
파리), 1964, 271-272쪽.

44. 아리엘 리켈이 발레리아 헨젤에게 들려준 일화, 2017년 3월.

45. 장 자크 루소, 『인간 불평등 기원론』.

46. ≪디 차이트≫지, 2019년 5월 24일 자.

47. 알레산드로 바르베리오, 국경없는 의사회 간행물, 2019년 9월 17일 자.

48. Ibid.

49. ≪르 누벨 옵세르바퇴르≫지, 2019년 6월 20일 자.

50. 마틸드 베이벨, 앞의 책, 2019년, 7-11쪽.

공포 전략

51. 『에르베 티에리에게 바치는 글모음Mélanges offerts à Hubert Thierry』
(파리, 프돈 출판사, 1998년, 8쪽)에 수록된 에르베 카상의 「부트로스 부
트로스-갈리 시절 유엔의 일상La vie quotidienne à l'ONU du temps de
Boutros Boutros-Ghali」에서 인용.

52. Ibid.

53. 이 기금은 계획, 운영, 감독에 있어서 유럽지역개발기금(FEDER), 유
럽사회기금(FSE)과 동일한 규정의 적용을 받는다.

54. ≪데어 슈피겔≫지(30호) 2019년 9월 27일 자; ≪르 몽드≫지 2019년

9월 20일 자.

55. ≪르 몽드≫지, 2019년 9월 14일 자.

56. 저자와의 대화 내용.

57. ≪르 몽드≫지, 2019년 8월 24일 자.

58. 레퓨지 카운슬 덴마크, "기본권과 유럽연합의 핫 스폿식 접근법 Fundamental Rights and the EU Hot Spot Approach"(코펜하겐), 2019년.

59. 이탈리아어에서 프랑스어로 번역한 판본(파리, 알뱅 미셸 출판사), 2019년.

인간 섬

장 지글러가 말하는 유럽의 난민 이야기

1판 1쇄 발행 2020년 10월 15일
1판 5쇄 발행 2024년 7월 22일

지은이 장 지글러 | 옮긴이 양영란
책임편집 김지하 | 편집부 김지은 | 표지 디자인 스튜디오비알엔

펴낸이 임병삼 | 펴낸곳 갈라파고스
등록 2002년 10월 29일 제2003-000147호
주소 03938 서울시 마포구 월드컵로 196 대명비첸시티오피스텔 801호
전화 02-3142-3797 | 전송 02-3142-2408
전자우편 books.galapagos@gmail.com
ISBN 979-11-87038-62-7 (03300)

갈라파고스 자연과 인간, 인간과 인간의 공존을 희망하며, 함께 읽으면 좋은 책들을 만듭니다.